覚悟のススメ

真田幸村の教え

大杉 学

SOGO HOREI PUBLISHING CO., LTD

はじめに

私は昨年、『狂気のススメ』を書いた。

これは吉田松陰《よしだしょういん》の言葉を紹介しつつ、その人生から現代に生きる人たち、特にビジネスパーソンに役立つ教えを導き出したものである。

吉田松陰の、その真っすぐさ、正直さ、誠実さを学び続ける日本人が多くいることで、今の日本がさらによい国になり、その所属する組織もより素晴らしいものになり、そして、もちろんそれを学び実践する人の人生は、充実すると思ったからだ。

実は、今の日本人が影響を受けた人、目指すべき人、学んでおきたい人で、どうしても研究してみたい偉人がいた。

それが真田幸村《さなだゆきむら》であった。

吉田松陰がアメリカ渡航を計画し、ペリーの黒船に乗り込もうとして失敗した。そして下田の番所に自首をした。

その牢獄で、牢屋役人に本を貸してくれといって、渡された一冊が『真田三代記《さなださんだいき》』だったのだ。

この『真田三代記』は、真田幸村と、幸村の父・昌幸《まさゆき》と長男・大助《だいすけ》のことを描いたものだが、ほとんど幸村を中心に話は展開している。

これを江戸時代の人たちは好んで読んだ。

松陰が牢の中で読んだのは、偶然のことであったろうが、同じ徳川体制への挑戦者としてのシンパシーを感じたに違いない。

この二人を併せて考える人はいないだろうが、実は、共通しているところがあり、それを学びたいものだと私は思っていた。

そこで今回、出版社のほうからよい機会をいただいたので、吉田松陰に続いて真田幸村について書かせていただくことになったのである。

私が感じている、二人に共通する点とは次のようなものである。

・純粋である
・誠実である

・人を立てる
・人がついていく
・日本のことを、全体のことを考えて行動できる
・強いもの、権力ある者でも平気で挑む
・そして何よりも、しっかり覚悟ができている

以上のようなことだ。

もちろん二人には違うところもある。

一番の違いは、松陰はストイックな人で、自分の使命を果たすために、酒も女も近づけなかったが（しかし、他人にはそのことを全く強要していない）、幸村はリーダーとしての役割から、より柔軟な（硬軟ありの）生き方をしたところである。

次に、〝学者〟と〝戦国武将〟というそれぞれの立場からくる、「他者との接し方」と「行動法則」の違いがあった。

現代のビジネスパーソンにとっては、思想面では吉田松陰に学びつつ、行動法則や世の中とのかかわり合いでは真田幸村を特に参考にしていくのが、より有効になるのではないだろうか。

真田幸村は、自分のまわりの人を幸せにすることを第一に考え、それを実現していく人であった。そして目的実現のために、強い覚悟を持って突き進んだ。

現代の日本人経営者で大成功している人の中には、この「人を幸せにする人が一番幸せになれる」という考え方を信奉してきた人もいる（例えばオムロンの創業者・立石一真《たていしかずま》など）。その生き方の大先輩が真田幸村であろう。幸村はそういう生き方を、目的実現への覚悟の強さから導き出した。

幸村の、父がつけた本当の名は信繁《のぶしげ》という。

これは、兄やまわりの人たちをうまく支え、強い組織づくりをした武田信玄《たけだしんげん》の弟・武田《たけだ》信繁《のぶしげ》のことを尊敬した父・昌幸が、幸村にもそういう人間になってほしいとつけた名だ。

幸村は、そのとおりの人となったが、武田信繁は武田信玄の下のみで活躍したのに比べ、幸村は父や兄のみならず、豊臣秀吉《とよとみひでよし》、豊臣秀頼《とよとみひでより》、直江兼続《なおえかねつぐ》、大谷吉継《おおたによしつぐ》をはじめとする大物武将たちに（敵となった徳川家康《とくがわいえやす》にも）とても好かれた。

そして、彼らから多大な影響を受け、その人物がつくり上げられていったのだ。

また、流れた紀州・高野山の地元の猟師たちや大坂城に集った浪人たちからも、「この人と生死をともにしたい」と思われるほどの人望があった。

その人望はどうして生まれたのか。

幸村は、組織づくりのあり方や人の心理とはどのようなものかを、よく考えて行動しているところがあった。そしてそのために強い強い覚悟を持った。

だから、小が大に勝てるほどの力を生み出すことができたのだ。

私は真田幸村を研究する中で、これこそが日本人に引き継がれたDNAではないかと思った。

日本ビジネスの原点は真田幸村にあり、私たちビジネスパーソンは真田幸村が示してくれた日本ビジネスの原点によく学ぶことで、この厳しいビジネスの世界で大いに活躍できる人となるのではないかと思った。

特に、その覚悟の持ち方と、目的実現のためのまわりを生かす力、すなわち本当に強いチームのつくり方を学びたいと思った。

私が考える真田幸村の原点を導き出し、読者の皆様とともに学んでみようという試みが本書である。

少しでも真田幸村の真実に近づき、お役に立てる書となれれば幸いである。

大杉学

真田家 家系図

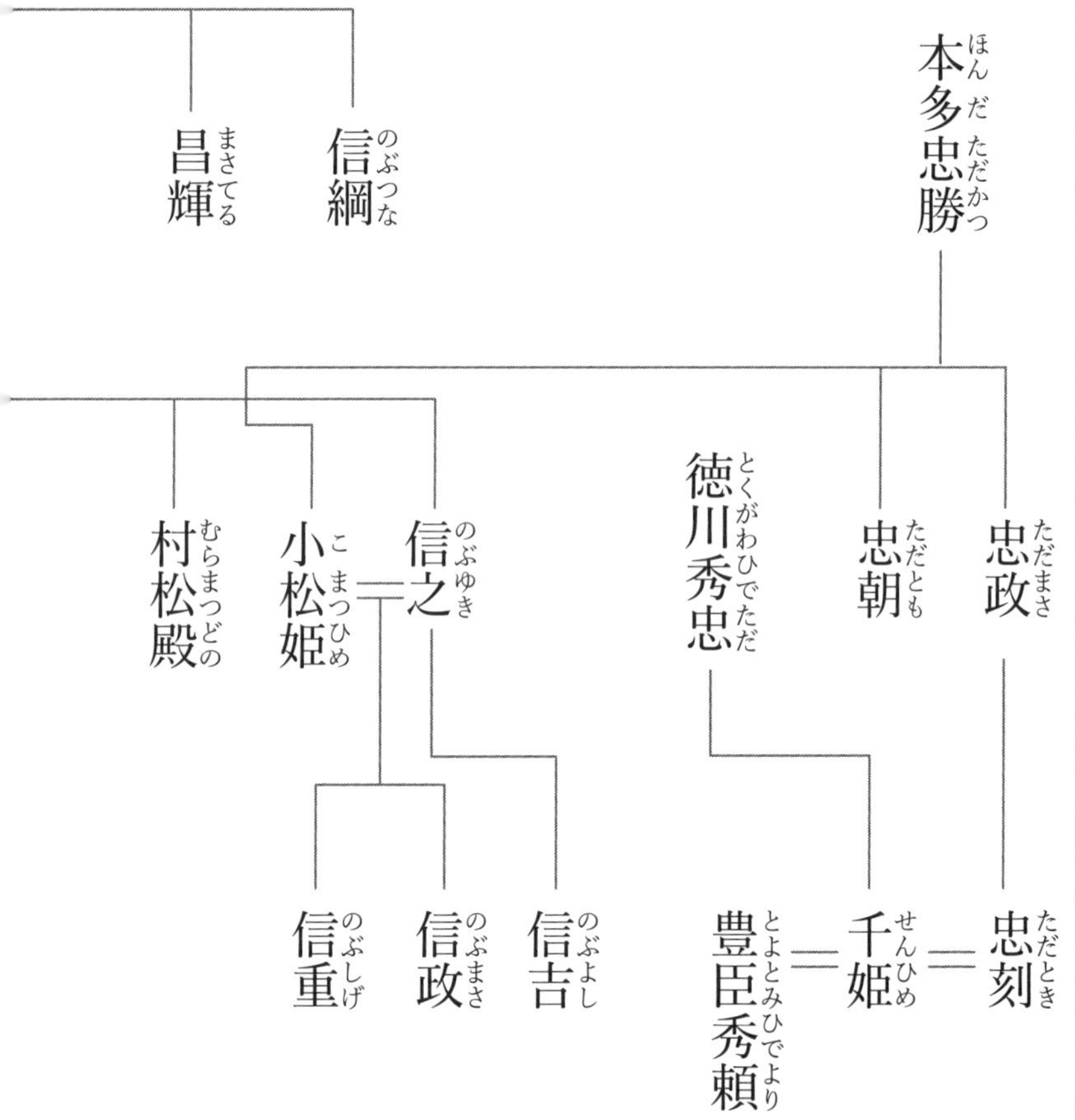
本多忠勝《ほんだただかつ》
信綱《のぶつな》
昌輝《まさてる》
忠政《ただまさ》
忠朝《ただとも》
徳川秀忠《とくがわひでただ》
信之《のぶゆき》
小松姫《こまつひめ》
村松殿《むらまつどの》
忠刻《ただとき》
千姫《せんひめ》
豊臣秀頼《とよとみひでより》
信吉《のぶよし》
信政《のぶまさ》
信重《のぶしげ》

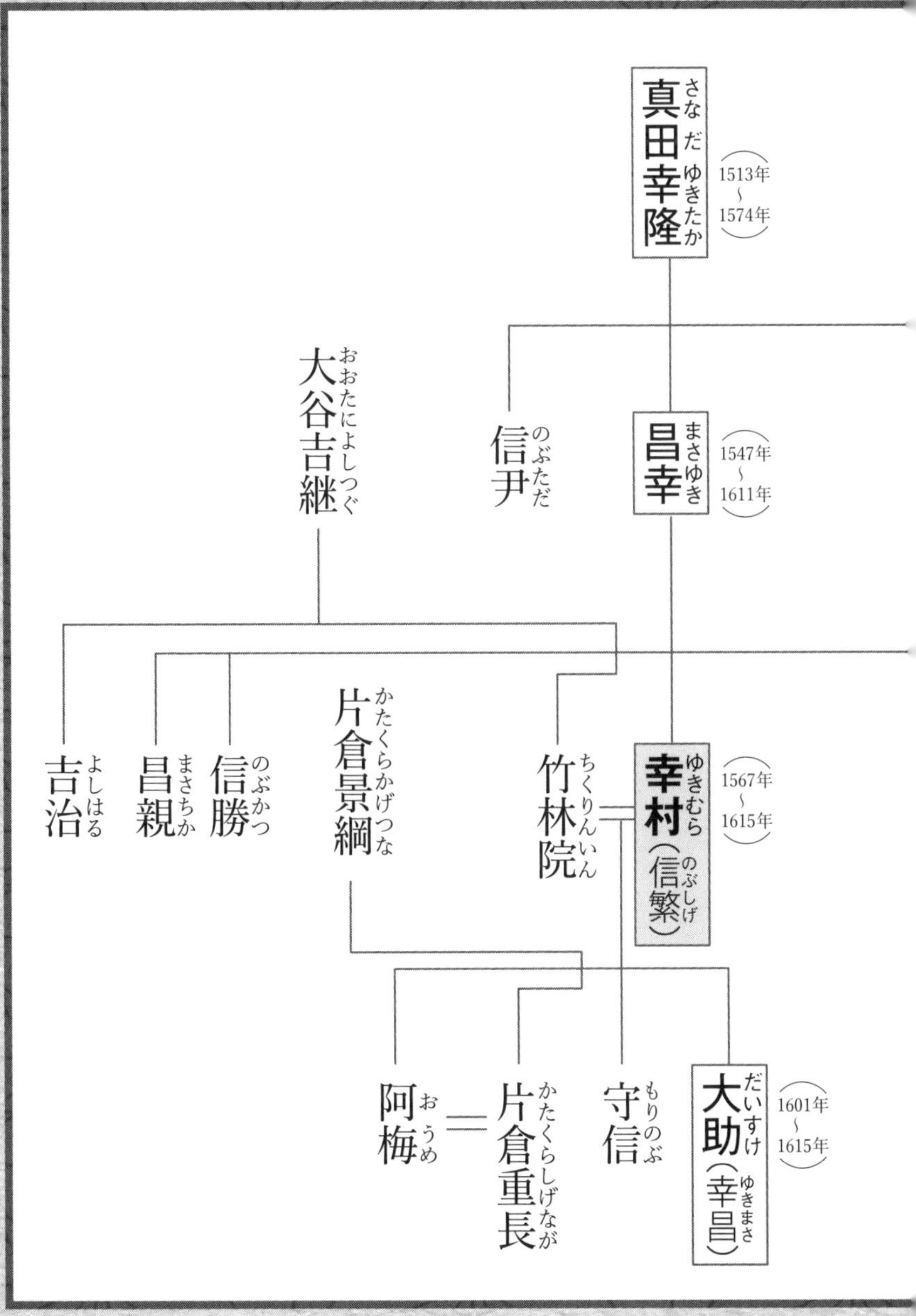
真田幸隆《さなだゆきたか》
（1513年～1574年）
昌幸《まさゆき》
（1547年～1611年）
信尹《のぶただ》
大谷吉継《おおたによしつぐ》
幸村《ゆきむら》（信繁《のぶしげ》）
（1567年～1615年）
竹林院《ちくりんいん》
片倉景綱《かたくらかげつな》
信勝《のぶかつ》
昌親《まさちか》
吉治《よしはる》
大助《だいすけ》（幸昌《ゆきまさ》）
（1601年～1615年）
守信《もりのぶ》
片倉重長《かたくらしげなが》
阿梅《おうめ》

真田《さなだ》 幸村《ゆきむら》

1567年、真田昌幸《さなだまさゆき》の２男として甲府で生まれる。

「幸村」という名は、江戸時代に書かれた書物による通称であり、正しい名前は真田信繁《さなだのぶしげ》である。これは、武田信玄《たけだしんげん》の弟・武田信繁《たけだのぶしげ》を尊敬していた父・昌幸がつけたものである。

真田家は当時、武田信玄の配下であったが、武田家滅亡後、幸村は上杉家や豊臣家に人質として出されることになる。この間、大谷《おおたに》吉継《よしつぐ》の娘を妻としている。

1600年の関ヶ原の戦いでは、父・昌幸と共に、西軍につき徳川秀《とくがわひで》忠《ただ》の軍を上田城にて釘づけにして、関ヶ原に間に合わせなかったという功績をあげるが、西軍が徳川家康に敗れてしまったため、処刑されそうになった。しかし、東軍についた兄・信之《のぶゆき》の助命嘆願もあり、結局、高野山九度山《くどやま》に配流となる。

大坂の陣では豊臣方の武将として活躍する。
冬の陣では「真田丸《さなだまる》」を築いて徳川方を迎撃し、多数の被害を与える。
また夏の陣では、徳川家康の本陣まで攻め込み大混乱に陥れたものの、家康を討つことはできず、疲労して休んでいるところを襲われて討たれてしまう。

後世、江戸幕府・諸大名家の各史料にその勇姿が記録され、それらを基に軍記物や講談、小説などが創作されることになり、「猿飛佐《さるとびさ》助《すけ》や霧隠才蔵《きりがくれさいぞう》をはじめとする“真田十勇士《さなだじゅうゆうし》”を従え、宿敵・徳川家康に挑む武将」として語られるようになり、庶民にも広く知られる存在となった。

CONTENTS

第二章

自分の義を貫いて生きる
〜上杉景勝・直江兼続に学ぶ

第三章

優れた人材をしっかり活用する

〜兄・信之、徳川家康に学ぶ

第四章

どこまでも人を愛し、自分の人生を豪快に生きる

～豊臣秀吉、大谷吉継に学ぶ

第五章

自分の考え方をしっかりと持ち（覚悟し）、ブレないで生きる

～大坂冬の陣

第六章

覚悟を秘め、全力を尽くして、その日を最高に生きる

～大坂夏の陣

ブックデザイン　土屋和泉

第二章

覚悟を決め、策略をめぐらせ、考え抜いて、チームを守り抜く

〜父・真田昌幸と武田信玄に学ぶ

幸村は、仲間力のつくり方を身につけて最強の英雄となった

～日本人が目指す仲間力の模範

幸村は、生きている間に使った名ではない。

本当の名は信繁《のぶしげ》という。

しかし、死後50年ほど経ったあたりから、幸村という名は庶民の間で最強の英雄として広まった。

一説には、徳川家康《とくがわいえやす》をさんざんに痛めつけた信繁という名をそのまま使うと幕府に目をつけられるところから、幸村という名を用いたとされる。

また、徳川家にとって不吉な刀である妖刀《ようとう》〝村正《むらまさ》〟からとったという話もある。

実際に幸村は〝村正〟を愛用したといい、後に水戸光圀《みとみつくに》は、この幸村の心掛けこそ武士

のあるべきものだと称賛した。

光圀は徳川家の者でありながらも、日本人としての正しいあり方を知るべしと、『大日本史』の研究・制作に力を入れていた。

そんな光圀が、ほれた男がこの幸村だったのである。その覚悟こそ、日本人が持つべき心掛けと考えたのだ。


江戸時代は、絶対的権力者である徳川幕府が250年以上も日本を支配した。

その権力者たる徳川をキリキリ舞いさせた男が幸村であった。

それは『真田三代記《さなださんだいき》』として描かれ、人気を博した。

この『真田三代記』は創作物であったが、人々はまるで史実かのように扱った。

幕末になって、吉田松陰《よしだしょういん》がアメリカ密航計画に失敗した後、下田の番所に自首しているが、牢の中にいて、牢役人から借りた本に『真田三代記』があった。

松陰は、牢屋の中から、日本人が日本人たるべき生き方や、日本人のあるべき姿を大声で論じた。

これを聞いていた牢役人も感動の涙を流したという。

この実話からは、いくつかのことがわかる。

まず、当時の牢獄の役人というのは、鬼か蛇《じゃ》かと恐れられるほどの人たちと思われていたが、それでもきちんと本を読み、日本はどうあるべきかをも考えるほどのレベルにあったこと。

日本というのは、江戸時代から世界一の識字率があったのは本当らしいことがわかる。

次に、反徳川の内容を扱う『真田三代記』が庶民の間で読まれていて人気が高かったが、幕府がそれを思想弾圧したわけでもないこと。

そこそこに（もちろん程度に問題はあったが）思想の自由があったこと（もちろん後に松陰も犠牲になった〝安政の大獄〟もあったが、その反発からさらに明治維新が進んだ）。

さらに、己の義のためには命を賭けて戦い、それに従う仲間がたくさん集まり、知恵を出して戦い抜くという日本人らしい志と知恵と仲間力が見られることである。

私は現代の日本ビジネスが世界で通用し、そしてこれからも世界のビジネスシーンをリードするに違いないと予想している。それは、**日本ビジネスには、この仲間力があるか**

らである。

明治以降の日本人が目指している理想の生き方が『真田三代記』には凝縮されていたのである。そして吉田松陰たちが明治維新を起こし、新しい日本を切り開いたことにもつながった。幸村の覚悟の強さも、大いに松陰を励ましたであろう。

そして『真田三代記』をヒントにして、明治末から大正にかけて立川文庫が〝真田十勇士《さなだじゅうゆうし》〟を創造し、本として出版すると、これが大ヒットした。

有名な猿飛佐助《さるとびさすけ》や霧隠才蔵《きりがくれさいぞう》はここから生まれた。

この創造上の忍者たちは、当時の日本人のヒーローとして一番人気であった。

日本といえば、忍者が世界的にも有名となったが、忍者といえば、甲賀忍者の猿飛佐助であり、伊賀忍者の霧隠才蔵である。

これは最近まで、歴史小説でその二人の活躍は定番であり、真田十勇士とともに、実在のヒーローと思っている日本人が多い。

ちなみに真田十勇士は、他に、三好清海入道《みよしせいかいにゅうどう》、三好伊三入道《みよしいさにゅうどう》、由利鎌之介《ゆりかまのすけ》、穴山小介《あなやまこすけ》、根津甚八《ねづじんぱち》、海野六郎《うんのろくろう》、望月六郎《もちづきろくろう》、筧十蔵《かけいじゅうぞう》がいる。

すでに述べたように、この〝真田十勇士〟は創造上のキャラクターではある。

しかし、これらのモデルになった人たちはいたのではないだろうか。

というのも、真田はもともと忍者的存在の人たちを多く用いているし、幸村の強さは、まわりの人たちの力をそれぞれに発揮させ、その上で結束力の高い集団にして、小が大を破る組織にしていくことにあったからである。

そう、日本人の特質、日本人の理想とするあり方である。

この、ほかに類を見ないほどの仲間力というものを、どうやってつくり出していったかを、本書では研究していきたい。

幸村も生まれつきの才能だけでは、この力は到底生まれなかった。**生まれてからの環境と、指導してくれる人たち、師と仰いだ人たちに学んだことで、その仲間力のつくり方を身につけられたのだ。もちろん覚悟の持ち方もである。**

それをこれから学んでいきたい。

MATOME

人は自分の生まれ持った才能だけでは大した仕事はできない。
師となる先人、先輩によく学び、そして覚悟を強め、
仲間になった人たちと力を合わせることで（仲間力を発揮することで）、
より大きな力を生み出すことができる。

ライバルにも尊敬される人物になろう

～本当に伸びる人は敵にも好かれる

幸村の人間性は、父・昌幸《まさゆき》から受け継いだところも非常に大きいと思われる。はじめに、真田家のゆかりと、昌幸の人生・人となりといったものから見ていくことにしたい。

真田家が歴史に登場するのは、幸村の祖父・幸隆《ゆきたか》のときからである。

それまでの真田氏というのは、よくわからないところも多いが、信濃（長野県）の上田近くの山村部にある真田郷を本領としていた小さな豪族とみられている。

16世紀の戦国の世になり、信濃も、領地争いが激しくなった。

真田氏は北信濃に根をおろしていた滋野《しげの》一族の海野《うんの》氏から出たとされる。

その滋野一族を、やはり北信濃の村上義清《むらかみよしきよ》が、海野平《うんのたいら》の戦いで破った。

村上氏は、甲斐の武田信虎《たけだのぶとら》と組んでいた。

敗れた幸隆は上野国《こうずけのくに》（群馬県）へ家族を伴い亡命した。真田郷は、上野国に近い山間部であった。

後に、この西上野と上田を結ぶ道は、〝真田街道〟とも呼ばれ、幸隆の子、昌幸（幸村の父）の時代には、上野国の沼田と信濃の上田を結んだラインを真田氏が領地として広げ、活躍した。


さて、上野国に逃げた幸隆だが、彼の人物を見抜き、庇護した武将がいた。

この武将の名を長野業正《ながのなりまさ》という。

業正は、関東管領・上杉憲政《うえすぎのりまさ》の重臣で、箕輪《みのわ》城主であった。

『名将言行録《めいしょうげんこうろく》』は、業正をこう激賞する。

「資性温和《しせいおんわ》、恭謙《きょうけん》にして智勇絶倫《ちゆうぜつりん》、能《よ》く士民を撫愛《ぶあい》し、隣国に交接せり」

つまり、性格はおだやかで、謙虚であるが、その知恵と勇気は絶倫の武将でとても強かったということだ。

そして、よく自分の家臣を可愛がり、領民にも親しまれた。周囲の国の領主にも一目置かれ、彼らをよくまとめたというのである。

そんな素晴らしい人物の特徴は、**本物の人間を見抜いて、それを育てあげたり、付き合ったりする**ところである。

それで周囲の人も、敵も一目置くから、うまくまとめられるのである。

幸隆は、この名将に気に入られた。

これが、後の飛躍につながる。

業正にしてみると、幸隆は、なかなか見込みのある若者で、いずれ名を残す武将になれるはずであると考えた。しかし、その存在は、上野の上杉方からすると、危険な敵になる可能性が大いにある。だから今のうちに潰してしまう（滅ぼしてしまう）のも一つの策であった。

だが、幸隆には、いずれ敵になることがわかっていても生かして、将来伸びていくのを見てみたいと思わせる何か魅力的なところがあった。

業正も、敵になるかもしれないから潰してしまえという心の狭い人ではなかった。

これは現代でもありうる話である。

組織をまとめ、伸ばしていくような人物となる人は、なぜか敵からも、ライバルからも一目置かれ、好かれるところがある。

だから、みんながついていくのであろう。

ビジネスパーソンでその業界で一流となりたい人が、まず目指すべきは、この幸隆のように、敵やライバルからも認められ、好かれるほどの人間となることである。

そのためには、

①人の言葉、意見をよく聞き入れること

②人から受けた恩恵に感謝して、その気持ちを忘れない人になること

③自分の目標を大きく持ち、それに挑んで実行する姿勢をいつも見せること

④自分の与えられた仕事以上の結果を出していくように心掛けること

などの、生き方を忘れないようにしなければならない。

MATOME

志を強く持ち、
受けた恩は忘れないという感謝の気持ちを失わないで、
しかも明るく前向きな人は、
敵・ライバルからも好かれる人となる。

組む人を間違えない

～正しい人の見方を身につける

幸隆《ゆきたか》（幸村の祖父）が上野の長野業正《ながのなりまさ》に世話になっているときの逸話に、次のようなものがあった。

それは、晃運《こううん》という和尚が、幸隆と接するうちに、「幸隆は歴史に名を残すほどの器量がある」と言ったというものだ。

この言葉に勇気をもらい、幸隆は、将来必ず成功して、晃運を迎えて信濃に寺を建立すると約束した。

この約束は見事に果たされ、後に晃運は真田家の菩提寺となる長国寺《ちょうこくじ》を開いている。

幸隆が得意としたのは調略《ちょうりゃく》である。

その人間的魅力と説得力、そして知恵を使って、戦うことなしに（武力を背景にしつつも）仲間をつくり増やしていくのである。

この能力に目をつけたのが武田信玄《たけだしんげん》であった。

信玄は父・信虎《のぶとら》を今川氏（駿河）のところに追放して、政権を握った。

信虎は幸隆の天敵、村上義清《むらかみよしきよ》と組んで真田や海野《うんの》一族を追いやったが、今度は信玄が甲斐・武田の頭領になると、逆に幸隆と組んで信濃攻略の先方衆《せんぽうしゅう》にした。

この間を取りもったのが軍師として有名な山本勘助《やまもとかんすけ》といわれている。

山本勘助は、明治以降ずっと架空の人物とする学説が有力だったが、近時は、「山本管助」という名の手紙が発見されたことで、「これは山本勘助のことではないか」とされたことや、それまで山本勘助について詳しく述べていた唯一の文献の『甲陽軍鑑《こうようぐんかん》』は、信頼に足る文献との評価もあって逆に実在したとする学説が増えていった。

山本勘助は駿河の人である。

しかし、片方の目がつぶれ、片足が悪く、見た目がとても悪いところから今川義元《いまがわよしもと》に採用されなかったという。

信玄は、見た目などよりも人物本位で評価をする人間であった。ある人の紹介で山本勘助を見て、すぐに好条件で採用している。

このことも信玄が大きくなっていった理由の一つである。

山本勘助を軍師的立場あるいは教師的存在にしなくても、信玄の能力からして、活躍は間違いなかったろうが、**より大きく成長するためには、やはりどれだけ素晴らしい人を見つけて組んでいくかが、大きな分かれ目となるのだ。**

この眼力ある信玄に見出された幸隆は、次第に、信玄の信頼厚い武将となっていく。

そして、よき指導者を得ることで、自らの才能をメキメキ伸ばしていった。

現在のビジネスで組む相手の見分け方として、とても参考になるのが信玄の人物の見方である。

後に昌幸《まさゆき》もよく学んだそれは次のとおりである。

①自分の手柄を虚構にして話していないか

②仲間を大事にして付き合っているか

③上の者におべっかを使っていないか
④酒にのまれる人ではないか
⑤人を平気で怒らせる人ではないか
⑥物を大切に扱う人か
⑦普段から自分を鍛え、学んでいるか

MATOME

実績ある尊敬する先輩、
この人についていけば大きな学びがあるという人をよく見抜いて、
付き合うようにすることで、人は大きく伸びていく。

信頼できる人かどうかは、その人の家族関係を見て判断する

～父・昌幸、信玄の下に人質として預けられる

真田郷は、長野県上田市に近い。

上田城は、真田の本拠地としてつくられたが、それは後に幸村の父・昌幸《まさゆき》が、徳川家康《とくがわいえやす》の力を借りてつくったものである。

その上田城がつくられる前に、その比較的近くにある典型的な山城である戸石城《といしじょう》が、そのあたりを支配する者がいる城であった。

真田郷からも見える山城である。これを幸隆《ゆきたか》の憎き敵、村上義清《むらかみよしきよ》が占拠していた。

これを武田信玄《たけだしんげん》は攻略しようとしたが、失敗している。これは〝戸石崩れ《といしくずれ》〟といって、信玄の生涯で唯一の軍事的作戦ミスとされている。

ここで約5000人もの兵を失ったという。

ところが翌年、幸隆はこの難攻不落といわれた戸石城を、得意の調略《ちょうりゃく》を使いつつ攻め落としている（天文20年〈1551年〉）。

この勝利は、人々を驚かすとともに信玄の幸隆への評価を一気に上げた。

幸隆によって、今度は追いやられた村上義清は、越後（新潟）の長尾景虎《ながおかげとら》（後の上杉謙信《うえすぎけんしん》）を頼った。

地図を見るとよくわかるが、この上田、そして戸石城から、越後地方は近い。

越後の上杉謙信からしても、信玄の信濃攻略に続く越後侵入は、警戒しなくてはならない。

こうして、上田から松代方面に進出していく信玄と越後・春日山城《かすがやまじょう》から出て来る謙信は川中島《かわなかじま》において衝突することになった。

第一次川中島の戦いは天文22年（1553年）に始まり、これ以後12年間、主な戦いだけでも5回起きている。

この信玄との戦いの陣頭には常に幸隆がいた。

そして幸隆をますます信頼していく信玄であった。

こうして幸隆は本領である真田郷を回復した上、上田も領地として信玄から与えられた。

同時に幸隆は、三男・昌幸と四男・信尹《のぶただ》を人質として信玄の下に出している。

幸隆の息子たち、長男・信綱《のぶつな》、次男・昌輝《まさてる》、三男・昌幸、四男・信尹は、いずれも大変優れた武将として育っていく。

しかも、お互いにとても仲がよく、絶対の信頼関係を築いていくのだ。

当時の戦国の世にあっては、信玄の武田家、謙信の長尾家（後の上杉家）を見るまでもなく親兄弟が争い、殺し合うことも多かった。

その点、真田一族には、絶対とも言うべき信頼関係があった。

後に詳しく見るように、幸村とその父・昌幸は、豊臣方につき、幸村の兄・信幸《のぶゆき》（後に信之《のぶゆき》と名を変える）、そして昌幸の弟・信尹は徳川方につくが、それぞれは固く結びついていて、協力し合っていたとしか考えられない。それほど仲がよかった。

なお、先に幸隆が戸石城を攻略に成功したことを紹介したが、このときも幸隆の弟・矢《や》沢綱頼《ざわつなより》（矢沢氏の養子となっていた）は敵の村上方にいたが、幸隆に協力し城内部から呼応して、城攻めを成功させていると見られている。

真田家の仲間力の根本には、親子、兄弟、一族間の信頼、尊敬関係があった。

人を見るとき、この人は信頼できるかどうかの大きな視点として、その人と親や兄弟の関係を見るといいというのがある。

親、兄弟とうまくいかない人には、どこかしら弱点・欠点がある。

もちろん、その人の人生だから、うまくいかないときには、無理に合わせることはないだろう。

ただ、組織のリーダーとして仲間力を強くするためには、この視点は大きな意味を持つ。

あれだけ強かった信玄の軍団も、その力は、一つに弟・信繁《のぶしげ》の存在が大きかったという。

信玄の父・信虎《のぶとら》は、信繁に跡を継がせたかったというほどに優れていた。

しかし、信繁は兄を支える人としての役割を果たし、しかも尊敬された。

信繁が息子のために心得として遺した99カ条にわたる『武田信繁家訓《たけだのぶしげかくん》』では、親・兄弟を大事にせよとの論語の教えなどを述べている。

この教えは、江戸時代に武士のあり方として広がり、日本の武士道の教えの一つとなっている。

ただ、あれほど強かった武田軍団だが、信玄亡き後（その前に信繁も死んでいた）は、バラバラとなった。

やはり信玄の親や子どもとの関係が弱点となったように思う。

この点、徳川一族も真田一族ほどまではいかないにしても一族郎党は基本的に仲がよかった。**やはり仲間力の形成と継続に、親子・兄弟・一族の結束というのは大きいものがあるといわざるをえない。**

以上のことは現代でも通用する見方だ。

自分の親友になる人、仕事のパートナーとして組む人が、どういう親子関係であるか、兄弟関係、さらには友人関係であるかをよく知ることは、とても参考になる。

それがすべてではないと思うが、できたら、よい関係を持っていて、愛情溢れる関係をつくっている人と組みたいものである。

MATOME

本当に信頼できる人かどうかを見極める視点の一つとして、その人の家族関係を見ることが有効である。

悪条件の下でこそ身につけることは多い

〜信玄の下で才能を伸ばしていく父・昌幸

幸村の父・昌幸《まさゆき》は7歳のときに、信玄《しんげん》の居城がある甲府に預けられている。それから20代の後半、真田家を継ぐことになるまで、信玄の信頼厚い側近の一人として、もともと備わっていたであろう才能をスクスクと伸ばしていった。

幸村は永禄10年（1567年）に甲府で生まれ、10代の初めまでは、そこで育っている。そこで、信玄の強さと治政の確かさを、DNAの中に浸み込ませていたのであろう。なお、兄・信之《のぶゆき》は一年前に生まれている。

昌幸はその利発さと明るさもあって、信玄に愛された。

三男ということもあって、後に、信玄の一族である武藤家の養子にもなっている。よほど気に入られたのだ。

まず、奥近習衆《おくきんじゅうしゅう》という身の回りの世話役を務め、大人になると、有力な武将の一人として信玄の脇を固めている。

信玄が昌幸を信頼し、目をかけていたのはいくつかのエピソードが残されていることからもうかがえる。

一つは、他国から仕官したいという武士が来たとき、まずは、昌幸と何人かの同僚に面接させて、意見を聞いてから実際に会い、どうするかを決めていたというものである。

また、信玄が北条氏を攻めたとき、箱根を越えて三島に出てきたところで戦おうと当時23歳の昌幸が提案したという。そのとき、これに反対する武将が、「よく調べてから決めるべきです」と言ったのに対し、信玄は「それならば安心せよ。信玄の両眼のような者を物見に出している」と答えたとされている。後に、その両眼の一つが昌幸だったとわかり、他の武将からも一目置かれるようになったというものである。

このように信玄という上ない師を得て、昌幸は、「トップリーダーとは、武将とは、武略とは」などを身につけていった。

信玄というと、無敵といわれた騎馬隊に見るように力抜がすごいと思われがちだが、有名な旗印「風林火山《ふうりんかざん》」でわかるように、孫子の兵法を小さいときからよく身につけていた。

もちろん先に紹介した弟・信繁《のぶしげ》の99ケ条の教えにあるように、論語などの古典も小さいときからよく教えられていた。

孫子などの兵法書のほうが好きだったとされているが、まわりの意見をよく聞くことなどの人間学もよく身につけていたようだ。

昌幸は、後に徳川の大軍を二度も破り、小が大を倒す知略の武将として名高いが、やはり基本中の基本というか、信玄がとても重視した孫子の大基本原則は、よくわかっていたはずだ。

その大原則とは、**「戦では数が多いほうが勝つ」というものである。そして、「兵力のみならず経済力、統率力、人望などの総合力で勝たねばならない」**ということである。

これは、現代でも、ビル・ゲイツをはじめとする世界のトップマネジメントが信奉するところである。

ちなみに孫子は次のように述べていて、これを信玄はいつも心掛けたという（次の7つの視点で比較して勝てるとわかったら戦うとした）。

①君主はどちらが正しい道に合った政治をしていて、国民の信頼を得ているか
②将軍はどちらが有能か
③どちらの国が、天の時、地の利を得ているか
④法令はどちらがよく整備され、正しく運用されているか
⑤軍隊の規模、強力さはどちらが有利か
⑥兵士は、どちらがよく訓練されているか
⑦賞罰はどちらが公明に行われているか

以上を比較し、孫子は「どちらが勝つのかを知る」とし、トップリーダーたるもの、この各点で敵やライバルに勝つことを不断に努めなければならないとする（計篇）。

信玄はこれを信奉した上で、例の「風林火山」を軍隊の特徴とした。

すなわち、

「戦争は敵を欺くことを基本原則とし、利益あるところを求めて行動し、軍を分散したり集合したりして様々な変化をなすものである。

だから行動の速いことは風のようであり、待機して静かなことは林のようであり、敵地への侵略のはげしさは火のようであり、動かずにいるときは山のようであり、軍隊の態勢がわからないのは暗闇のようであり、突然に動き出すのは雷鳴のようである」という。(軍争篇)

これは武田軍のあり方でもあったが、昌幸、幸村に見事に引き継がれた思想である。幸村が、後の大坂の陣で見せた、〝赤備《あかぞな》え〟一色の軍は武田軍で有名な〝赤備え〟を意識したものだが、兵の使い方、動き方も、この〝風林火山〟であった。

だからその強さは「日本一の兵《つわもの》」と激賞されたのである。

MATOME

〝風林火山〟のように組織を動かすと、無敵なものになっていく。

策略をめぐらして、考え抜いて、自分たちと組んだチームを守り抜く

～昌幸、真田家を継ぐ

武田信玄《たけだしんげん》は、京を目指した。

途中の徳川家康《とくがわいえやす》を一方的に破ったが（三方ヶ原《みかたがはら》の戦い）、とどめをささずに、先を急いだ。家康は本当に強運な男である。

次は織田信長《おだのぶなが》である。

ところが、突然の病で信玄は死んでしまった。

家康も、信長も命拾いをした。

特に家康は、この敗戦に大きなショックを受け、その打ちひしがれた姿を絵に描かせて、生涯の反省にしたという。**このときの家康の気概と反省する力が後の成功の大きな素に**

なる。

昌幸《まさゆき》とすると、信玄側近の武将としてこうした戦いを経験したため、後に日本中の武士が家康に恐れを持っていたとしても、「家康何するものぞ」と気持ちの上で飲んでかかっていたところがある。

信玄の跡継ぎは勝頼《かつより》である。

勝頼もそこそこ有能なリーダーだったようだが、父・信玄が偉大すぎたのか、また信玄と張り合いながらも支えた旧臣たちと接したこともあって、うまくいかないところもあった（現代でも創業社長、先代社長が偉大すぎると継承した社長がやりにくくて、難しいのと同じ）。

その結果、重臣たちの反対を押し切って行った「長篠《ながしの》の戦い」で、信長・家康連合軍に敗れてしまい、そこから武田家の没落は始まった。

最後は、重臣たちにも織田、徳川連合方に寝返られてしまった。

ここでも家康はついていた。もし勝頼が甲府に帰って戦いを挑まなければ、どうなったかはわからない。

真田家は、幸隆《ゆきたか》の後、長男の信綱《のぶつな》が家督を継ぎ、二男の昌輝《まさてる》とともに、優れた武将との評判で活躍した。二人とも〝武田二十四将〟にも数えられている。

しかし、信綱と昌輝兄弟も長篠の戦いで戦死してしまった。

その後、勝頼は、三男・昌幸に、真田家の家督を継がせた。

武田の支配地域は、駿河方面で、織田、徳川連合の強敵と接していたが、上野方面や信濃方面では、越後を本拠とする上杉方と小田原を本拠とする北条方の強敵がいた。

幸隆以来、信濃から上野までの支配を着実に拡大しており、真田家の存在は大きかった。

勝頼の武田方は、駿河の方面では、次第に劣勢になっていったが、北信濃そして上野方面では、真田家の活躍で勢力は順調であった。

ただ、西からの織田・徳川連合の圧力はだんだん強くなっていった。

そこで昌幸は、東上野にある岩櫃城《いわびつじょう》に勝頼が移り、越後の上杉を味方に入れて武田家の再起をはかることを提案した。

しかし勝頼は、ここで他の重臣の意見を入れて、小山田信茂《おやまだのぶしげ》の岩殿城《いわどのじょう》（都留郡）に向かってしまう。

そこで、結局、裏切りにあい、名門武田家は滅んでしまった。

東上野の岩櫃城は、北信濃の戸石城と同じく、天然の巨大な要塞、山城である。

1年くらいは守れる食糧を確保した上で、ここに逃げ込めば、時を待って再起できると考えた昌幸の策は決して無謀ではない。真田の本拠の一つである戸石城と協力し、上杉方の援軍をもらえれば何とかなったであろう。

昌幸は、豊臣秀吉《とよとみひでよし》も評したように「表裏比興《ひょうりひきょう》の者（態度や去就をコロコロ変える人）」である。

それは、孫子の兵法にもあるように、「戦争で勝つには敵を欺くこと」ということをよく知っていたからである。

だが、決して日本人が大切にする「義」の考え方を無視するわけではない。

その**「義」を守るためにも、策略をめぐらして、考え抜いて、自分たちと組んだチームを守り抜く**のである。

そして、実際戦っても、知略を駆使して、「風林火山」の軍で敵を破るのである。

味方にしたらこんな頼もしいものはなく、逆に敵にしたら本当にやっかいな真田一族なのである。

MATOME

信義に生きることを自分の基本としつつも、
勝ち抜くためには、
敵やライバルたちを含めた他組織と、いかに協力したり、
離れて傍観するかの策を、考え抜いていかなければならない。

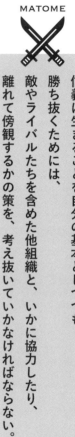

たとえ強い相手でも譲れないものは守り抜く

～武力、戦いに備えてこその外交・協力である

武田氏が滅亡しても、嘆いてばかりはいられない。

甲府に人質として預けられていた信之《のぶゆき》、幸村も真田の本拠地（このときはまだ上田城ではなく戸石城）にとりあえずは戻ることができた。

昌幸《まさゆき》に課せられた課題は、北信濃の本領と、父や兄たちが命がけで切り開いていった上野方面での領地を守り抜くことであった。

まずは、織田信長《おだのぶなが》に馬を贈り、その機嫌をうかがっている。

そして信長家臣の滝川一益《たきがわいちます》が上野の沼田城に配属されてからは、とりあえずはこれに従っている。

昌幸は、この一益との関係は悪くなかった。

天正10年（1582年）6月2日、信長が明智光秀《あけちみつひで》に殺されたあと、一益が本領の伊勢に逃げていくのを助けているくらいだ。

信長死後は、越後の上杉氏と小田原の北条氏とついたり離れたりの綱渡りをした。

そうしながら、沼田城、岩櫃城《いわびつじょう》、戸石城の西上野と北信濃のラインはしっかりと固めていった。

生き抜くためには、苦しいときほど、いつ誰と組むのがベストか、誰の下で学ぶのが最適かを命を賭けて考え抜いて結論を出していくべきだ。

信長亡き後の上野と信濃に勢力を伸ばした北条氏直《ほうじょううじなお》は、上杉を討つべく川中島《かわなかじま》方面に進出した。

この北条軍に味方していた昌幸の真田軍であったが、氏直にここで決戦を挑んで上杉を破ろうと進言した。

兵力は、北条軍2万に対し、上杉軍は7000か8000で、北条氏がかなり優勢であった。

しかし、何を考えたか氏直は、甲斐、駿河に転進し、徳川家康《とくがわいえやす》を攻めることにした。

昌幸という人は、信玄譲りの（信玄に鍛えられた？）、人を見る眼があった。

氏直という人間を見抜いたのだ。

組む相手ではない、と。

この昌幸の決断で命拾いしたのは、家康である。

やはり兵力差では北条方に圧倒されていた。

信濃勢では数少ない徳川方だったのは、依田信蕃《よだのぶしげ》であった。

この信蕃の要請や北条氏直に見切りをつけていた昌幸の家康方への寝返りで、家康は滅亡から免れた。これで北条氏と徳川氏は和睦に進んでいく。

この昌幸と家康は、生涯を通じて戦いながらも、命を助け合うことになる面白い関係にあったが、戦いにおいては、さすがの家康も昌幸にはついに勝てなかった。

興味深いのは、昌幸の下の弟（幸隆《ゆきたか》の四男）信尹《のぶただ》の動きである。

実は、北条氏と昌幸が上杉氏を攻めていたとき、信尹はなんと上杉方の有力武将であった。

これは、昌幸が謀略のために入れ込ませていたようだ。この謀略の意図を疑われ、逃げた信尹は、9月28日に家康に帰属している。これも昌幸の指示であったとされる。

昌幸が北条方から離反するのが7月である。そして10月に家康に従属した。この動きを見ると、先の依田信蕃とともに弟の存在が大きかったのがわかる。

最近のベストセラーで、本能寺の変において、織田信長は、明智光秀に家康を殺させようとしたが、光秀は逆に、家康に東国方面を固めさせ、自分は信長を殺して関西方面を固めて、天下を共同支配するように密約したとの説が話題になった。

しかし信長の死後のこうした家康の戦いを見ると、とてもそれどころではなかったことがよくわかる。

かなり危なかったところを昌幸に助けられている。

また、豊臣秀吉《とよとみひでよし》もこの密謀を知っていたというが、もし、そうだとしたら、このことを天下に触れて、家康を潰してしまったに違いない。

そうなれば、上杉景勝《うえすぎかげかつ》も昌幸も秀吉の味方をしていたろう。

そもそもが、信長はわざわざ陰謀で家康を殺さなくても、いかようにも扱えたはずだった（家康が小さいときからそうだった）。

さらに家康の天下を取るまでの行動法則から見ても、光秀のこの誘いに乗ることはありえない（バカがつくほどの律義さで天下を取ったのだ。しかも信長とは死ぬまで20年間も同盟をひたすら守っている）。幼いころから信長とはよい関係にもあった。

家康や秀吉の動き、また昌幸の動きを見ると、この説はミステリーの謎ときのゲームとすればとても面白いが、歴史の事実としてはちょっと無理がある見方であろう。

MATOME

ビジネスにおいても、一つの策だけでなく、他の策も常に考えておかないと生き残れない。

小が大を破る法

～守りを固め、一点集中して勝つ

日本人は、「小が大を破る」というのが好きだ。

これがあまりにも行きすぎて、前の大戦でも見られた玉砕戦法にまでつながったといえなくもない。

硫黄島の戦いなどに見られたように、アメリカの大軍と少数の日本兵が何とか互角に戦っている。

大体、兵力と兵器の質には適わないのが孫子以来の定説である。

しかし、小が大を破る方法がないことはない。

一つは城を使った**守りを中心とする戦法である。**

孫子も「最もまずいのは、敵の城を攻めることである」という（謀攻篇）。

ただ、城攻めも時間はかかり、兵はかなりの損害を受けるが、数を頼みとすれば、勝てることも多い。

もう一つは、**総数兵力では不利でも、決戦をする一点に集中して、その部分で見れば、数と質で敵を上回るような場合である。**

孫子も、次のように述べる。

「おたずねしたい。敵が大軍でしかも整然と攻めてこようとするとき、どのようにしたらよいだろうか。

答えて言おう。まずは敵の大切にしているところを奪えば、こちらの思い通りになるだろう。戦争の実情は、迅速な行動が第一で、敵の不備をつき、敵の予想しない方法を使い、敵の警戒していないところを攻撃するのである」（九地篇）

この二番目の教えを実際に成功させた好例として、織田信長《おだのぶなが》が今川義元《いまがわよしもと》を破った桶狭間《おけはざま》の戦いが挙げられてきた。

今川軍2万5000と織田軍2000との戦いで、織田軍が、見事今川を破ったとされる。

ただ近頃は、織田軍2000というのは『信長公記《しんちょうこうき》』の記述にふり回されているのではないかとの疑問も出ている。

兵力は経済力（当時は石数）と比例するのが原則であり、今川は合計すると70万石で総力を結集すると2万5000は可能となる。

一方、織田も実は57万石あり、兵力は1万から2万は可能であった。だから2000というのは信長の直属の親衛隊の数ではないかというのである（『戦国武将の選択』本郷和人著・産経セレクト参照）。

また、今川の兵は、純粋な武士は2000から3000で、あとは農民であり、信長はこれに兵農分離した専属の武士2000をもって襲ったともいわれている（『織田信長のすべて』岡本良一著・新人物往来社参照）。

いずれにしても桶狭間という場所を選んで兵力を集中し、その決戦の場では、兵力の優位さで信長が大勝利を収めることができたのである。

しかし、戦国史において見事なまでに小が大を破ったのは、真田対徳川の戦いである。

上田城を舞台にして2回戦っているが、2回とも真田側の大勝利であった。

まず、一回目の戦いは以下のように始まった。

信玄《しんげん》・信長の死後において、旧武田領を争って、徳川家康《とくがわいえやす》、北条氏直《ほうじょううじなお》、上杉景勝《うえすぎかげかつ》は争いを始めた（いわゆる天正壬午《てんしょうじんご》の乱）。

前述のように、もともと圧倒的に優位だった北条氏だが、昌幸の離反で動きが止められた。一方ピンチだった家康は織田軍からの援軍を期待するものの、その分裂から進退も窮まり、何とか北条と和睦した。

この和睦の中で、キャスティングボードを握っていたはずの昌幸が、家康を救ったのにもかかわらず、真田氏が領有する沼田領を北条氏に渡せということになった。

これに「うん」と言えるはずのない昌幸は、徳川と戦ってまでも、沼田領を引き渡さないということになったのだ。

しかし、信玄に見込まれた、そして仕込まれた戦略家の昌幸だけに、ただでは起きない。戦うそぶりなど見せずに、まずは家康に対上杉軍のためと称して、上田城をつくらせている（お金も家康が出したという）。

一方で沼田城を守っていたおじの矢沢綱頼《やざわつなより》を上杉方に帰属させた。

綱頼というと、父・幸隆《ゆきたか》と呼応して戸石城を落城させた、あの武将である。

この綱頼は、人格者であり、他からの信頼は厚く、その上にめっぽう強いという武将であった（父の幸隆と同じく敵やライバルにも尊敬されるほどの人物だった）。

この綱頼の信頼から、昌幸を疑っている上杉景勝も（当然そうだろう。北条の手先で自分を潰そうとしたのだから）、ついには真田が自分のほうに臣従することを認めた。

これで、家康と戦う準備を終えたところで、昌幸は沼田領を北条に渡せという家康の指示をきっぱりと拒否した。

家康とすると、一方では台頭してきた豊臣秀吉《とよとみひでよし》と戦わなくてはならず、どうしても北条氏との和睦がなくては自らの存亡の危機となる。

当然、昌幸を攻め、「うん」と言わせなくてはならない。

秀吉は秀吉で、家康を追いつめるためにも上杉と手を結び、真田へも期待したはずだ。

大久保彦左衛門《おおくぼひこざえもん》の『三河物語《みかわものがたり》』に、昌幸が家康に言った言葉というのが紹介されている。

「沼田というのは君主からいただいたものではない。わたしが自分でとった沼田だ。また今回の合戦で配下にかわったら恩賞をくださると約束があったのに、それを実施されないことに恨みに思っておりましたのに、その上わたしがもっている沼田をわたせとおっしゃるのは、とうてい納得がまいりません」（小林賢章訳・教育社）

MATOME

感情だけで戦っても負けるだけだ。譲れないものを守るために、どうすれば勝てるか。その一点を探り出し、そこに集中する。

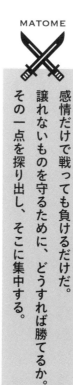

敵の油断を利用し、ここぞという点に集中して勝つ

～第一次上田合戦

上杉景勝《うえすぎかげかつ》は、謙信の甥《おい》だが養子として跡を継いだ。

一方では北条氏政《ほうじょううじまさ》の弟・景虎《かげとら》も姪《めい》と結婚して養子となっていた。

上杉謙信《うえすぎけんしん》の死後に景勝と景虎は跡目を争い、景勝が勝利して、跡を継いだ。

当然、景勝は北条氏と対立した。

昌幸《まさゆき》については、前に北条と手を結んで自分を攻めようとしたこともあり、憎いと思うところもあるが、味方にする意義は大きかった。

また、昌幸に対しては疑問があっても、おじの矢沢綱頼《やざわつなより》は信頼できた。

その上にその長男の頼康《よりやす》と、昌幸の次男・幸村を人質に預かることで、景勝は、本気で、

真田と組むことを決意したようだ。

幸村という人間を見て、景勝は一発で気に入ったらしい。

幸村を単なる人質としてではなく、自分の将来の側近にしたいと思ったようだ（幸村は次男であって真田家を継がなくてよい）。

だから、幸村に対して1000貫（約1万石にあたる）もの扶持《ふち》を与えている。

家康《いえやす》が真田の上田城を攻めたのは、天正13年（1585年）の8月である。鳥居元忠《とりいもとただ》、平岩親吉《ひらいわちかよし》、大久保忠世《おおくぼただよ》ら三河衆を中心として兵力7000余りであった。

これを迎え撃つ真田方は農民兵を含めて2000余りだったという。

家康自身は直接出向いてはいないまでも、強さでは定評があった三河衆を中心としていたのである。

しかも城は建設途中でありながらも、自分たちがお金を出してつくっているから構造をよく知っていた。

大が小に負けるのは、大に油断があるときである。

この油断は孫子も厳しく戒めている（行軍篇）。

徳川軍には油断があった上に、敵は幸隆《ゆきたか》以来の真田家の策士であり、信玄にもよく教わった戦略家昌幸である。

しかも家康や徳川軍を徹底的に破り（三方ヶ原《みかたがはら》で）、あるいは窮地を救ってきた（北条軍をくい止めてきた）のである。

やはり、この第一次上田合戦でも、真田方は一方的に徳川軍をやっつけている。できるだけ城におびきよせた上で、鉄砲を撃ち、大木や石を上から落として、損害を与えたためだ。

混乱して逃げまどう徳川兵に、城の外で隠れていた信之の軍や矢沢頼康の軍が攻めまくった。信之には戸石城に、頼康は矢沢城に潜んでいた。

このように頼康は、上杉の人質であったが徳川との戦いのために戻されている。


では幸村はどうか。

『真田三代記』や、時代小説などでは、やはり、上田に戻されて中心となって大活躍しているが、通説は、上杉の人質としてこの合戦には参加していないとされる。

もし海津城《かいづじょう》にいたら、わずか30キロちょっと、春日山城だと100キロあまりのところにいて、お家の大事ということで来られない距離ではない。

あるいは、もし破れたときのことを考えて越後にいたかもしれないし、景勝としても真田の信頼の証しとして手元に置いていたかもしれない。

いずれにしても徳川軍は一方的に破れた。徳川方の死者は1400とも2000ともいわれ、真田方はわずか40だったという。

MATOME

守りを固くしておいて、大軍の敵が攻めてくるときに、敵を油断させる作戦を立てれば、うまく戦えることが多い。小さい組織でも、大きな組織に勝つ方法はここにしかない。

第二章

自分の義を貫いて生きる

~上杉景勝・直江兼続に学ぶ

どんな境遇になろうとも学ぶことは多い

～幸村・上杉の人質となる

第一次上田合戦（天正13年〈1585年〉8月）では、徳川軍は大敗したものの、次の戦いに向けて小諸城《こもろじょう》に布陣した。

家康《いえやす》としても、このまま引き下がるわけにはいかなかった。

一方、昌幸《まさゆき》も、ほとんど徳川のお金でつくっていた上田城を、今度は上杉の協力で増強するという、まるで手品のようなやり方で、再戦への準備を怠らなかった。

後の関ヶ原の戦いの後に、家康は上田城を徹底的に破壊させたというが、その気持ちはよくわかる。

だから、現在も残っていて観光名所の一つにもなっている上田城は、当時のものとは全く違うといわれている。

また、上野の沼田城では北条軍が激しく攻めたものの、これも矢沢綱頼《やざわつなより》がよく防いでいた。

こんなとき、豊臣秀吉《とよとみひでよし》との交渉を担当していた家康の重臣・石川数正《いしかわかずまさ》が、秀吉の下に走るという事件が起きた（天正13年〈1585年〉11月13日）。

これで家康としても、真田攻めをやっている場合ではなくなった。

家康の家自体が危機となってしまったからだ。

上杉景勝《うえすぎかげかつ》も、秀吉に臣従することで、身を守ることを考え、動き出した。

というのも景勝は、織田信長に今にも潰されそうになっていたのだが、信長が本能寺の変で死ぬことで、危機を救われていた。

前に述べたように、家康と信長の連合は結束が固かった。しかし秀吉は織田政権の大部分を引き継ぐとともに、家康とは対立関係に入っていた（信長政権内部の派閥抗争の面もあった）。

こうしてみると、景勝としては、対徳川、北条を考えると秀吉と組むしかない。

これは、景勝に臣従し、徳川と北条と敵対している真田方にもいえることである。

結局、家康は、秀吉にしぶしぶ臣従することにし、上杉に臣従していた昌幸にも、今度は、天正14年（1586年）6月、家康の麾下《きか》に入ることを示した（上杉は、すでに秀吉に帰属していた）。

昌幸という男は常に先読みをし、ただでは動かない。

秀吉も、そうである。

昌幸と秀吉のやりとりは、表では、あれこれと駆け引きをし、秀吉も昌幸を冷たく扱っているように見せて、対家康あるいは景勝のためにうまく利用していると思わざるをえない。

昌幸はこのように戦略、戦術に優れているが、その持っていた大きな武器の一つが次男・幸村であった。

いつの時代でも、組織を変え、支えるのは優れた人材なのだ。

将来のリーダーには、若いときから旅をさせ（外の世界を学ばせ）、苦労して勉強させることが必要で、そのことが組織の将来を左右するのである。

この幸村という人間が、どこに行っても気に入られるというところを使って、対外交渉をうまくやっている。

まずは上杉の人質として預けられたことは前述した。

わずか、1年から2年の間ではあるが、この間にも、幸村は、上杉景勝と家老の直江兼続《なおえかねつぐ》の側《そば》で、いろいろ学んだのだ。

MATOME

この世では何が起こるかわからない。
人生や組織の命運が決まるほどの出来事は、
これをチャンスとして
必ずうまく利用しようと動くべきである。

行く先で、できる人のよいところを盗む姿勢を持つ

～幸村、上杉家で直江兼続に出会う

幸村は、19歳のとき（16歳であったという説もある）越後の上杉景勝《うえすぎかげかつ》の下に人質として預けられた。

人質は、もちろん真田が上杉へ臣従する証しとしてのものであり、真田が裏切ったら、幸村の命はなくなる。

しかし、当時の風潮からして、いつ命がなくなるかわからない戦国の世であるから、幸村自身の覚悟は十分にあったはずだ。

しかも、もともと父・昌幸《まさゆき》自身が人質として武田信玄《たけだしんげん》の下にあった。その甲府で生まれ育ち、おそらく10代前半までいたわけであるから、人質だからといって悲愴な気持ちにな

ることはなかったであろう。

その上、父・昌幸同様、人質だからといって冷遇されることはなく、その真っすぐな性格と賢さで、上杉でも大切にされた。

当時は、どれだけ優秀な側近、武将を配下に置くかで、一族の運命も変わった。だからいずれ幸村を配下の武将とできれば、上杉にとっても大きな財産となると考えられた。

これは今も変わらない。将来見どころがあると思える若い人をどんどん採用しないと、その組織の未来は大したことはない。


上杉景勝といえば、家老の直江兼続《なおえかねつぐ》が有名である。

直江兼続は、もとの名を樋口与六《ひぐちよろく》といい、魚沼群上田の庄にあった坂戸城で生まれている。

父は、薪や炭を扱う下級武士であったという。

兼続は、幼少のころから聡明でしかも見た目も大変よかったため、上杉謙信《うえすぎけんしん》の姉で景勝の母である仙桃院《せんとういん》に見込まれて、景勝の近習としてとりたてられた。

景勝は、父が死んだ後に、母・仙桃院とともに春日山城（上越市）に移って謙信の養子となった。

結婚をせず、子どももいなかった謙信は景勝をとても可愛がったが、同時に景勝に仕える兼続にも目をかけた。

ところが、謙信にはもう一人養子がいた。北条氏康《ほうじょううじやす》の七男で、氏康と和睦したときに預かった景虎《かげとら》である。

謙信は、自分の跡継ぎを明確にしないままに死んだ。酒の飲みすぎによる脳出血という。当然相続争いとなるが、ここで19歳の直江兼続が活躍する。

謙信が倒れたときから看病の一切をやっていた直江信綱《なおえのぶつな》（与坂城主《よいたじょうしゅ》）の妻・お船と組んだと見られている（信綱が死んだ後、このお船の方と結婚し、直江家を継いで世に有名な直江兼続が誕生した）。

上杉景勝が謙信の跡を相続できた一番の要因は、この兼続とお船の活躍である。

脳出血で倒れた謙信の遺言と称して、お船は、「謙信は『景勝』をお世継ぎにと言った」としているが、本当がどうかは怪しいものがある。

すべては兼続との打ち合わせどおりとの説が有力である。このとき兼続はまだ19歳だが、頭が切れることでは他の追随を許さなかったという。

ただちに兼続は、景虎一派を春日城本丸から締め出し、そこにあった謙信が蓄積していた莫大な財産を押さえた。

景虎は前述のように北条氏の出であり、氏政《うじまさ》の弟であった。

氏政はこのとき、同盟していた武田勝頼《たけだかつより》に景虎を応援するように頼み、勝頼も越後近くにまで来たが、兼続の策で1万2000両の黄金を贈って中立ちしてもらうことに成功している（勝頼のこの判断の悪さというか行儀の悪さにも疑問が残る）。

こうして景勝は景虎を破って、まんまと謙信の跡を継ぐことができた。

この戦いをすべて指揮して成功させたのは若き兼続であり、景勝はこの後、兼続の策にはほとんど従った（関ヶ原の戦いのときの決断を除いて）。

兼続は、誰が見ても、才能は素晴らしく人格者としても名高かった。しかも幼いころより学問にも精通していた。

『名将言行録《めいしょうげんこうろく》』には「背が高く、かっこよく、話す言葉も、とてもいい」とあり、『常山紀談《じょうざんきだん》』では「おそらく天下のさい配も見事にやれる器量」とべた褒めしている。

このように景勝でなくても、認めざるをえない人物だったが、景勝自体も、その才能を認め、活用できる大人物ではあった。
この二人と幸村は認め合う。このことも幸村のすぐれた資質がよくうかがえることである。

MATOME

行く先々で、自分の都合を表に出すよりも、相手の大事にするところで役に立てないかを考えられる人は、どこでも尊重され、気に入られる。

真っすぐに生きる男のすがすがしさ

～上杉景勝と直江兼続の「義」の思考法に学ぶ

上杉景勝《うえすぎかげかつ》と直江兼続《なおえかねつぐ》のコンビは、戦国時代の最も理想的なトップリーダーとサブリーダーの関係であったと思う。

現代でも、社長を支えるナンバー2あるいは参謀的な幹部のあり方として、兼続はよき模範になる。ぜひ学んでおくべき人物だ。

景勝は、越後人の典型のように、正直であるが、こうと思ったら考えを変えることはない頑固者という面があった。

しかし、兼続の繰り出す柔軟な策のほとんどを認め、任せたという度量があった。

兼続は、下層の階級から、その才能とよき人格で認められ出世した人物だったが、自分の立場を越え、景勝をないがしろにするようなことは決してなかった。

豊臣秀吉《とよとみひでよし》や徳川家康《とくがわいえやす》からも、天下を仕切れる才能と度量があると見られ、秀吉からは上杉家家老の身でありながら米沢30万石を与えられ、豊臣の姓までもらっている。実際に大名の一人のような扱いを受けている。

普通なら、その立場とわが才能にうぬぼれて、景勝と同等の気持ちになるのが普通であろう。兼続が分をわきまえたところに後の上杉家の存続も可能となった。


また、兼続に関しては、自己コントロール力も見事である。

これは、自分で幼いころから学び修行してきたことも大きかろうが、やはり上杉謙信《うえすぎけんしん》に育てられたということも大きな理由であったろう。

景勝にしても謙信を尊敬することでは、兼続に劣るものではなかった。

つまり二人は同じ教祖のような謙信を信奉していたのだ。そしてその謙信の思考法と行動基準があったため、ぶつかり合うことがほとんどなかったのである。それももちろん兼続の立派さを表している。

ところで、謙信といえば「義」である。

「義」を貫き行動した謙信は、世界史上でも、こんな領主、戦国の将がいたのかと思うほどの特殊な人物である。日本人としても誇らしく思えるほどの人である。

日本人の生き方の一番の根本である、武士道の中の「義」の生き方とはどんなものかを考えさせてくれる生き方をした謙信は、ライバルの武田信玄《たけだしんげん》とともに、日本人がいつまでも忘れてはならない人である。

その義の生き方を景勝と兼続は受け継ぎ、謙信ならばどうするかを常に考えて決断している。この謙信以来の義の思考法は、景勝・兼続と接した幸村にも少なからず影響はあったはずだ。

義は、人それぞれのものがある。

幸村は、信玄の下で生まれ育ったため、信玄の影響を強く受けていたと思うが、実際は、信玄直系の父・昌幸《まさゆき》の義に対する考え方の影響が一番強かったはずだ。

人は幼少時そして10代で身につけた考え方に最も影響を受けるからだ。

幸村の生き方を見ていると、父・昌幸とその師の信玄の知略を基本とし、景勝・兼続的

などこか真っすぐな義の影響もあったように思えてならない。

そういう意味では父・昌幸と違う面もあったと思う。

幸村は、江戸時代、そして明治以降とその知略のすごさが有名であるが、どこかすがすがしいイメージがついてまわる。

それは、策を使うことがあっても、芯のところでは自分の義を貫いた上でのことという面があるからだろう。

信玄の言葉に次のようなものがある。

「人は大小によらず、七つ八つのころから、十二、三歳までは、大名の子ならば、よい大将の行儀作法を聞かせて育てるのがよい。小身の者は、大剛の者の武勇の働き――先陣をうけたまわったときのことや、殿を受けもったときのようすなどを聞かせるのがよい。人はみな十二、三歳のときに聞いて根づいたことが一生のあいだ忘れられず、なかでも声変わりする時分が大切だ。声変わりの自分に、よい者と交わればよくなり、悪い者とまじわれば悪くなる。十四、五歳で商人と交わった者は、終身損得勘定の心が消えないものである」(『名将言行録現代語訳』北小路建・中澤惠子訳　講談社学術文庫)

この信玄の見解に従えば、幸村は、武田家が最も充実していたときを経験していたため、日本最強の徳川家康軍団を何とも思わず、蹴散らす武勇と知略は、当たり前のように身についていたものかもしれない。

そして、その上での謙信譲りの義の影響もあったようだ。

MATOME

人にはそれぞれの義がある。

義すなわち自分が譲ってはいけない正しい生き方を見つけ、これを自分によく言い聞かせ、よく磨いていかねば日本人として真に大きな人物にはなれない。

自分の義を貫き、民のために頑張る

～上杉謙信に学ぶ

武田信玄《たけだしんげん》と上杉謙信《うえすぎけんしん》は「川中島《かわなかじま》の戦い」で有名であるが、第一次川中島の戦いが天文22年（1553年）であり、それから12年もの間に大きな合戦だけでも5回は戦っている。

この日本を代表する二人の英雄は、お互いを尊敬し合い、人生後半は、友情のようなものが芽生え、もはやこれ以上戦いたくないと思ったのではないか。

つまりどちらも、お互いを人生最大の好敵手かつ生きがいを感じるライバルと思い、励みに思う対象となったような気がする。

「敵に塩を送る」という有名な言葉がある。

その語源は、謙信が塩止めで困っている信玄を助けたという話である。

『名将言行録《めいしょうげんこうろく》』には次のようにある。

「今川氏真が北条氏康と結んで、武田の分国に塩を送りいれることを禁じた。そのために甲斐・信濃・上野の民はひじょうに困った。輝虎（謙信のこと：筆者注）はこれを聞いて、晴信（信玄のこと：筆者注）に書を贈った。『近国の諸将はあなたの方に塩を入れるのを差しとめているとのことを聞きました。これはまことに卑怯千万な挙動だと思います。弓矢を執って争うことができぬからでしょう。私は幾度でも、運を天にまかせてあなたとの勝敗を一戦によって決しようと思っておりますので、塩のことは、どんなことをしてでも領国にお送りしましょう。そちらから手形で必要な分だけいくらでもお取り寄せ下さい。もし高値で送るようなことがありましたら、重ねておっしゃって下さい。厳重に処罰いたします』と。

信玄はじめ老臣たちは、輝虎の武道の正義に感動して『味方にほしい名将だ』といった」（北小路健・中澤恵子訳　講談社学術文庫）

信玄と謙信は、信玄が9歳上だが、同時代を生きた喜びを感じていたと思う。

川中島には、二人が直接剣を交えたという像がある。500年近くたっても二人のライバル関係を人は称讃し、日本人が永遠に忘れない偉人たちである。**よきライバルは自分を大きく成長させることをよく知っているからだろう。**

元亀4年（1573年）に、信玄が死んだとき謙信は次のように言ったとされる。

「何という残念なことだ。名大将が死んでしまった。英雄・人傑とは、この信玄のような人物をいうのだ。関東の武士は柱を失ったようなものだ。全く惜しいことだ」

そして涙を流し、3日間の音楽を禁じたという。

また、信玄亡き後の甲斐を、老臣たちがすすめても攻めることはなかった。

それは謙信の考える義に、自ら絶対に従うという生き方からだった。

田井友季子《たいゆきこ》氏は、その謙信の義を貫く生き方が上杉景勝《うえすぎかげかつ》と直江兼続《なおえかねつぐ》の二人に与えた影響について、次のように述べられている。

「謙信は、自分の欲望のために戦ったことはない。常に節目のため、正義のために戦っている、と神社に奉納した願文に書いている。その謙信を理想として成長した兼続である。〝義〟は謙信以来の上杉の家風となり、景勝と兼続が、終生の座右銘とした言葉であった」

そして、兼続の冑《かぶと》の前立てで有名な〝愛〟についても次のように言っておられる。

「もとより武士だから、戦はするけれども民百姓を苦しめないためには、戦は避けなければならない。避けることのできない戦いの場合は、民百姓のことを思いながら戦をしたい。戦をするなら愛民のためにやりたい。しかも上に立つ者として〝義〟の決断がなければならないが、戦を決するには、愛民のゆえの決断でなければならない。こういう考えから〝愛〟という字を額に掲げたのだと伝えられている」（新装版『直江兼続のすべて』花ヶ前盛明編・新人物往来社）

兼続は、学問のある人で、自分の才能にも自信があったためか、今でいうキザなところがあったのだろう。〝義〟さえも、とてもかっこよく言うし、見せてもくれる。

この〝義〟を、景勝・兼続以上に当たり前のように貫き、地についた生き方として表現したのが、幸村であった。

本当に優れた武将は、民を愛し、民に愛される。もちろん自分の武将たちにもである。だから本当に強くなる。

信玄も農民、商人を大事にせよと厳命している。

真田が少数兵力でありながらも強かったのは、農民の協力があったからだともいえる。社員全体に愛されないトップがいる企業は弱い。だんだん弱くなる。そしてお客さんに見放されるような経営陣がいる企業は潰れていくことになるのは今でも当たり前である。

幸村は、上杉家で学んだ義の考え方を自らの生き方にも影響させて、後の大坂の陣で、豊臣方につき、徳川方に属した景勝・兼続とも敵同士になって戦った。

そのとき幸村が配流暮らしをしていた紀州高野山の地元民も義勇兵として多数加わって徳川軍に大きな損害を与えている。

いかに、民を愛し、民に愛されたかを物語っている。

このとき、景勝・兼続は、愛弟子ともいうべき幸村の〝義〟の貫き方をどう思ったのか聞いてみたいと思うのは私だけではあるまい。

MATOME

本当に強い組織、よい組織のリーダーは、
構成員を愛し、幸せにしていく姿勢を
絶対に失わない人である。

サブリーダーはトップの最終決断に必ず従う

～上杉景勝と直江兼続の関係に学ぶ

徳川家康《とくがわいえやす》は、天下を支配し、２５０年以上も続いた江戸時代の基礎を築いた大人物であったと思う。

しかし、その実現は、運がよかったとしかいいようのないところも多くあった。

それと同時に、家康を支える人たちがよかった。

俗にいう徳川四天王（酒井忠次《さかいただつぐ》、本多忠勝《ほんだただかつ》、榊原康政《さかきばらやすまさ》、井伊直政《いいなおまさ》）は、最高の幹部たちだった。

武田信玄《たけだしんげん》や上杉謙信《うえすぎけんしん》は、自分たちが死ぬと織田信長《おだのぶなが》が天下を取ることになるだろうと見ていた。ただ、信長は才能はすごかったが、人間的には偏りがあって、部下扱いもひどかった。

部下の一人からの反逆である本能寺の変で、信長が明智光秀《あけちみつひで》に殺されていなければ、家康は織田政権の有力武将の一人として存在するだけになっていたはずだ。

また、信長死後、まさかの豊臣秀吉《とよとみひでよし》が天下を支配したことで、徳川政権の目が出てきた。秀吉ではなくて信長の子の誰かが頭になって織田政権が続けば、家康は反旗をひるがえすことはできなかったろう。

それだけ家康は律儀な人で、織田家との関係も固く守ってきた。だから、家康は秀吉ではなく織田の誰かが形上のトップであれば、それに従った可能性が強いと思う。

この律義さ、ある意味での義の考え方がある人であるから、徳川軍団の結束は固く守られたのだ。もし家康がこの律義さ、義の考え方を失っていたら、徳川はただの戦国の軍団となり、後の徳川幕府による治政も長く続かなかったはずだ。

だから家康の幸運は、秀吉が天下を取ってしまったこと、そして、秀吉が石田三成《いしだみつなり》という部下を引き上げてしまったことにある。

秀吉は百姓の出であるため、家康や信玄、謙信のように、厚い下臣層がなかったから、その政権が続かなかったといわれている。

だが、もし、三成ではなく、例えば直江兼続《なおえかねつぐ》のようなナンバー2を据えれば、豊臣政権は続いた可能性も高い。

秀吉を支えた前田利家《まえだとしいえ》も亡くなり、秀吉の子・秀頼《ひでより》が守りたかった有力武将の加藤清正《かとうきよまさ》なども、三成を蛇蝎《だかつ》のごとく嫌い、そして大坂の陣を前にして死んでしまった。

それでも関ヶ原では、反三成ということで、福島正則《ふくしままさのり》や黒田長政《くろだながまさ》（黒田官兵衛《くろだかんべえ》の子）、前田利長《まえだとしなが》（利家の子）、浅野幸長《あさのゆきなが》（浅野長政《あさのながまさ》の子）、池田輝政《いけだてるまさ》、蜂須賀家政《はちすかいえまさ》などが、徳川方（東軍）についた。

関ヶ原の戦いは、直江兼続と石田三成の策略から起こったとされる。

兼続と三成は義兄弟になったといわれるほど仲がよかった。

二人とも貧しい出でありながら、一方は秀吉に重用され、一方は景勝《かげかつ》を支えた。

景勝が秀吉に臣従したときから二人はとても気が合い、協力し合った。

秀吉の死後に、家康がわがもの顔で天下を仕切ろうとしていると見た二人は、家康を倒すことを考えた。

会津の上杉が家康を挑発、これに家康が腹を立て、兵を挙げたら、三成が豊臣方の武将に声をかけ味方にして、家康を討つという作戦であった。

頭が切れる三成と兼続であったろうが、人生経験と人格力の重厚さで家康が上回っていた。

兼続がいくら三成を買っていたとしても、頭にかつぐ人を違う武将にすべきだったのではないだろうか。

兼続は才能あふれる人であったが、頭の切れる三成を見て、その頭のよさにだまされたところがある。

いくら優秀だからといって、人に好かれないほど人格に問題がある人を頭・リーダーにしてはいけないことは、現代のビジネス社会にも通じることといえよう。同じ趣旨のことを論語も言っており、古今東西の大原則だともいえる。

一方、家康は二人の策謀はお見通しで、むしろこれを利用して一気に徳川政権を実現してしまえということになった。

その後は、ほぼ家康の考え通りに進んだが、一つの問題は、三成の西軍に戦いを挑むにしても、背後の上杉軍がどうするかにあった。

それまで、景勝は、家老・兼続の策を拒否したことはなかったという。

しかし、兼続が「今、家康を背後から攻めれば、勝利は目前、天下はわれらが手に入る」と言ったとき、景勝は「うん」とはいわなかったのである。

上杉討伐軍として進んでいたのを、三成との決戦にそなえて江戸に戻り、西進する家康軍を三成の西軍と挟み討ちにして討とうという兼続に対して、景勝はこう言ったという。

『名将言行録《めいしょうげんこうろく》』は次のように書く。少し長いが、引用したい。


「『もしいま奥州を打ち立って家康公を追いかければ、さきざき申してきたことはすべて偽りということになり、天下最大の悪人としての汚名を末代にまでこうむり、天下の信用を失うことは、上杉家にとって恥である。けっして家康公を追ってはならぬ』といった。

兼続はまた、『御意のご趣旨は、もっともでありますが、このたびしかけたのは上杉のほうだと、天下ことごとく思っております。ですから、家康公はこの後当家の根を断ち、葉を枯らそうとしなさることは、鏡に照らしてみるごとく明らかです。万一家康公が天道に叶って勝利をえるようなことになれば、上杉が滅びてしまいましょう。戦わずに滅びるのなら、戦って滅びた方がようございます。いわばすなわち騎虎の勢いと申すもので、虎の背から下りるわけにはまいりません』と勧めたが、景勝は大いに怒り『国家の存亡は、いずれにせよそうなるべき時節によって決まるのだ。わしが不信の汚名をきることは、末代までの恥辱なのだ』といって、少しも兼続の言を用いようとはしなかった」（北小路健・中澤惠子訳　講談社学術文庫）

結局、関ヶ原での家康勝利後の処分で、上杉は、会津１２０万石から兼続の所領米沢30万石に移封された。

だが、上杉家自体は取り潰されずに存続できた。

兼続は、米沢移封後に、その治政を何とかするために全精力を傾けた。その手腕は他の人にはなせないものがあったぐらいに素晴らしかったという。

ナンバー2としての役割がよくわかり、トップの下した決断には何のわだかりもなく従い、それを完遂するということはなかなかできるものではない。

幸村の、父や兄に対して、そして大坂の陣において、意見や策は多く出しても、トップ

の決断が出たならばその中で全力を出して成果を上げるという生き方は、この兼続のあり方で学んでいたのかもしれない。

MATOME

どんなに考え抜いたよい策を上申していても、
いったんトップが下した決断がそれと異なっていたら、
その決断には１００％従って尽力できるのが
最高のサブリーダーである。

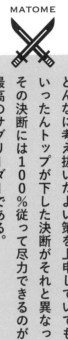

大義のない人や組織には本当の力は生まれない

～幸村も学んだ謙信の家訓

関ヶ原の戦いにおける上杉景勝《うえすぎかげかつ》と直江兼続《なおえかねつぐ》の意見の衝突は、それぞれの義に対する考え方が違ったところから生まれた。

義というのはそれだけ難しい。

義は正しい道理のことである。

義に生きるとは、正しい道理を自ら決断しそして行動するということである。

正しい道理が何であるかについては、人によって違うことがある。

しかし、何が正しい道理であるか、義であるかを掲げて行動している人に、人はついていく。

仲間力というのはそこから生まれる。

大義のない人、大義のない組織には力は生まれない。

現代の組織でいえば、正しい経営理念の浸透ということであろう。

ただ儲かればそれでいいという組織は決して続かないし繁栄もしない。

義のない人に、人はついていかないし、お客さんも見放すからだ。


景勝は、家康《いえやす》を倒す大義が欲しかった。

三成《みつなり》と兼続の立てた策略は、秀吉《ひでよし》が決めた決まりを無視しているもので、豊臣家をないがしろにするものであり、それを大義とするのでは弱すぎると考えた。

やはり三成ではなく、家康を除く他の五大老たちが一致して家康を懲らしめると決めれば多くの人が（力ある人たちが）それに従ったはずだ。

兼続とすると、家康の専横が許せないという、三成の主張・正論が正しく見えたのだ。ただ、あまりにも三成に賛同する人がいなかったのである。結局問題はここにあった。

やっぱり家康はついていたのだ。三成の数少ない親友の一人、大谷吉継《おおたによしつぐ》（幸村の義父）でさえ、三成の挙兵に反対している（最後は幼なじみで親友の三成のために協力して命を差し出そうと覚悟して西軍に加わった)。

吉継いわく、三成には人望がない上に、ここぞというときに、死を決した勇断ができない弱点があるというのだ。だから家康に勝てるはずがないと見た。

神は、家康に日本の武士道を完成させ、日本人文化の醸成を期待したのかもしれなかった。

その点では、より大きな義の視点からは、さすがに景勝の決断力のほうが正しかったのかもしれない。

さて、その景勝と兼続が信奉し、わずかな期間だが、幸村も学んだであろう謙信《けんしん》の家訓がある。

とても素晴らしい内容なので紹介しておきたい。

謙信家訓

○心の中に、余計なものが何もないときは、広い心で体も豊かである。
○心にわがままな気持ちがなくなると、人に対して愛と敬う心が失われない。
○心に私欲がなくなると、正しい義理ある行動が行える。
○心によこしまな私心がなくなれば、間違った疑いを持つことはない。
○心に驕《おご》りがなくなると、人を正しく敬うようになる。
○心に誤った考えが入らなくなれば、人をおそれなくなる。
○心に邪見がなくなると、人を育てることができる。
○心に貪《むさぼ》り（つきない私欲）がなくなると、人にへつらうことをしなくなる。
○心に怒りがなくなると、言葉も優しく暖かいものとなる。
○心に堪忍（強い我慢）があれば、物事はうまくいく。
○心にくもりがないとき、心が静かでいられる。
○心に勇があるときは、悔やむことはなくなる。
○心が賤《いや》しくなければ、あれこれ願うことも必要ない。
○親に孝行する人は、主や組織への忠誠心も高い。

○心に自慢する気持ちがなくなると、人の義がよくわかる。
○心に迷いがなくなると、人をとがめない。

何か、幸村の性格、人格は、この謙信の教えに従うことによって生まれた最高の見本のように思えてしかたがない。

MATOME

より大きな成功を勝ち取るためには、
また組織を生き生きと活性化させていくには、
義を大切にし、おのれの心を正しく鍛え、
その義の中味もより正しくなるように日々心掛けておきたい。

第三章

優れた人材をしっかり活用する

～兄・信之、徳川家康に学ぶ

トップ争いは、時代の支持がある者が勝つ

～秀吉と家康

小牧・長久手の戦いにみるように、豊臣秀吉《とよとみひでよし》と徳川家康《とくがわいえやす》は覇権を争った。

ただし家康は、あくまでも織田信雄《おだのぶかつ》を支援し、同盟者であった織田家とともに、その挑戦者としての秀吉を倒そうという名分があった。律義な家康としては、こうした大義名分がいる。

しかし、信雄はいとも簡単に秀吉の工作に陥落し、和議してしまった。

うまい具合にずるずると秀吉の和解工作にはまってしまったのだ。

天正14年（1586年）6月の終わりには秀吉と対面し臣従の礼をとった。

歴史のイフであるが、もしここで家康が最後まで秀吉と戦っていたら、潰されてしまう

ことになったであろう。

戦力的にもとてもかなわなかった。時代も秀吉を支持した。

秀吉としては、九州の島津征伐と関東の北条、東北の伊達と、争う相手はまだ残っていて、早くケリをつけたかった。

そして、何よりも秀吉は敵を殲滅《せんめつ》するという戦い方は好みでない。孫子の兵法ではないが、自らの戦力をバックに、外交戦、謀略戦で勝つことを第一に考える武将であった。

だから、このことをよく知った家康は、秀吉に臣従した。

後に天下を支配し、江戸幕府による徳川時代が開けたのも、この家康の忍耐・精神の強さにあったといえる。何よりも時代、世論はまだ家康を支持していないことがわかっていた。


家康は幼いときから、織田信長《おだのぶなが》や今川義元《いまがわよしもと》の下での人質生活が長く、その信条は「我慢していれば道は開ける」というものであった。

「人生は重荷を背負いて長い道を歩くようなものだ。慌ててはいけない」という言葉は有名である。これは家康の覚悟の強さを表している。生涯の目的を「自分が最後に天下を支配し、世の中を安定させる。それまでは何があっても耐えてみせる」としていた。この覚悟の強さは、幸村・信之《のぶゆき》兄弟も学んだはずである。

今でも、**世の中の流れ、世論の支持、世間の賛同によく気を遣い、その流れに乗る企業は伸びていく。**この点、家康のように注意深く見極めることがトップリーダーの大きな役目だ。

家康と同じく長い人質経験を持つ昌幸《まさゆき》も、景勝《かげかつ》の了解の下に秀吉に臣従した。そして、後に詳しく述べるように、幸村を、景勝の下からいったん上田に戻してから、秀吉の下に人質として出している。

これには景勝も怒り、秀吉に幸村を返してくれといったとか。

もちろん秀吉には従うしかなく、幸村は秀吉の下に行っている。それだけ景勝は幸村を離したくなかったようだ。

さて、秀吉から、家康の与力大名になるように指示された昌幸は、家康のところに行き、臣従の礼をとっている。

家康にしてみると、憎き昌幸ではあるが、先のことを考えて組まざるをえなかった。

昌幸としても、信玄の側近として三方ヶ原《みかたがはら》の戦いで破り、第一次上田合戦でも手痛い損害を与えた家康の下につくことは面白くなかっただろうが、家康に負けないタヌキであった。

また、秀吉と組んで、何を考えているのかわからない策略家でもある。家康としても苦々しく対応したはずだ。

二人の会話がどんなものであったかはわからないが、想像するだけでも面白い。

こうして家康に臣従した昌幸は、長男の信之を、徳川四天皇の一人、本多忠勝《ほんだただかつ》の娘と結婚させている。

本多忠勝は、家康に過ぎたる部下ともいわれ、秀吉も、後の小田原の北条攻めのとき、全国大名の前で、東国一の武士と褒めたほどの武将である。

しかも、形としては忠勝の娘（小松姫《こまつひめ》）を家康の養女とした上のことである。

これで家康は、信之の義父ということになり、信之のその後の人生は、この三人の父への忠孝をどうしていくかで大きな問題を抱え込まなくてはならなくなった。

もちろん、本多忠勝に学ぶものも大きかった。

一方の幸村であるが、人質として秀吉の下に預けられた。ここでも秀吉は、すぐに幸村の資質を見抜き、気に入り、側に置いて可愛がった。

そして側近の大谷吉継《おおたによしつぐ》の娘と結婚させた。

こうしてみると常に、力ある勢力の下に、自分のおじ、兄弟、子どもを分散させ、何かと協力し合うというのは真田の生き残り術であることがよくわかる昌幸の戦略である。

MATOME

一方は味方、他方を敵と決めつけるのはよくない。昨日の敵は今日の友となるのは、人生でもビジネスでもよくあることだ。常に１８０度の視野で見ていくことが大切である。

時代の流れ、世の動きを見逃さない

～小田原攻め

家康《いえやす》が秀吉《ひでよし》に臣従することで、ほぼ秀吉の全国支配も見えてきたが、残るは関東の北条氏と東北の伊達氏であった。

これを一気に片づけてしまうきっかけをつくったのが小田原攻めである。

秀吉はそのための火種をうまく考えた。

いったんは同盟を組んでいた家康の説得もあって、秀吉に臣従していた北条氏であったが、面白くなかった。

特に上野の沼田領を長年真田と争っており、秀吉に沼田領を渡してくれるように懇願した。

一方、昌幸《まさゆき》も上洛して、秀吉の側にいた幸村の運動もあって、秀吉の判断が待たれた。

秀吉の裁定は、どうも昌幸との策謀があったのではないかと思わざるをえない。

沼田城を含む、沼田領の3分の2を北条氏のものとし、名胡桃城《なぐるみ》を含む3分の1を真田のものとした。

名胡桃城あたりは〝真田墳墓《ふんぼ》の地〟というのである。

これはウソである。真田墳墓の地は、東信濃の真田領である。

しかも名胡桃城は沼田城のすぐ近くにあり、これは紛争せよというものではないか。

すぐに沼田城に入った北条方の武将、猪俣邦憲《いのまたくにのり》は、戦国の世の感覚のままに、名胡桃城を奪った。

北条方（氏政《うじまさ》、氏直《うじなお》親子）の判断の悪さがひどい。これは、前に昌幸が、北条と組んでいてその判断、先見性のなさから手を切ったことからもうかがえるものである。そのときは上杉景勝《うえすぎかげかつ》も、徳川家康も、この昌幸の判断の正しさのおかげで命拾いをし、存続できた。

時代の流れ、世の動き、人の動きを見て、すばやく正しい判断、決断をしていくことができない人は、真のよきリーダーとはなれない。

この氏政、氏直親子の判断の悪さを予見したのが、戦いに一度も負けたことがなかったという氏政の父・氏康《うじやす》であった。

次のような逸話が知られている。

「氏康は、息子の氏政が食事をしている様子を見て、北条の家は自分限りで滅びると言って涙を流したという。

それは、氏政が一膳の飯に二度にわたって汁をかけて食べていたからである。なぜ、必要な汁の量がわからないのか。慣れているはずの毎日朝晩のことにすらそんな調子では、目利きして人の心を読み取ることができようか。『目利きできなければよい侍を抱えることができず、よい侍をもてなければ、明日にでも自分が死んだときには狙っていた武将たちが隣国から侵攻し、氏政を滅ぼさんこと疑いあるまじ』（『武者物語』）」（『新名将言行録』奈良本辰也監修・主婦と生活社）

隣国どころか、日本全国から北条氏は攻められることになってしまった。

わずかな名胡桃城あたりを奪ってしまったことで、待ってましたとばかりに秀吉は宣戦布告した。

天正18年（1590年）2月には、全国各地の大名が兵を挙げた。その数は20万を超えていたという。

真田昌幸、信之《のぶゆき》、幸村の親子は、上杉景勝、前田利家《まえだとしいえ》を中核とする北国軍に加わった。

通説は、この北国軍に加わった戦いが幸村の初陣ということになっている（前に述べたように第一次上田合戦に参加しているという説もある）。

3月15日に、北国軍の先鋒として碓氷峠《うすい》に進んで、松井田方面に物見に出た兄・信之は、北条方と遭遇し、破っている。

続いて磐根石《いわねいし》で、幸村が北条方の大道寺政繁《だいどうじまさしげ》の軍をしりぞけている。

その後、真田軍は、松井田城、箕輪《みのわ》城を落とし、華々しい戦果をひっさげた上で、小田原城包囲軍に加わっている。

こうしてついに北条氏は滅亡した。

昌幸と秀吉の密某には、明らかな証拠はないものの、小田原攻め後の論功行賞では、真田だけは、領地は変わっていない（沼田を領地とし取り戻した点では増えたとも見られる）。

昌幸は、沼田を長男・信之に与え、独立の大名としている。もちろん、家康に出仕させたままである。

自分が今後、自由に動いたとしても、真田家は常に保険をかけているという構図としたのである。

MATOME

トップの仕事、よきリーダーの役割は、判断力と先見性を正しくしておくことである。
そのためには何事にも学ぶ姿勢と謙虚さが必要である。

信頼できる人がいる強さ
～犬伏の別れ。親子3人による基本方針確認

慶長3年（1598年）、豊臣秀吉《とよとみひでよし》が死んだ。
誰もが、次は家康《いえやす》の時代になると思った。
しかし、頭はとてもよいが、頑固で、時代の空気を読めない男が立ちあがった。
石田三成《いしだみつなり》である。
秀吉に取り立てられ、最有力側近となった。
秀吉の子・秀頼《ひでより》と、その母・淀殿《よどどの》を立て、家康を討つべしと立ち上がった。
しかし、三成にはあまりにも人徳がなかった。
ただ、なぜか直江兼続《なおえかねつぐ》とは、義兄弟といわれるほど仲がよかった。
あんなに人徳もあり才能もあった兼続にしてはどうかしている（頭がよく、才能があり

すぎると、かえって人物の欠点が見えにくいということがあるのかもしれない）。

その三成と兼続が謀って、関ヶ原の戦いを仕掛けたという。

もし、兼続が三成に応じなければ、家康の性格から見て、どうやって豊臣を滅ぼすか悩み苦しんだに違いない。

ずるずると時が過ぎ、家康は死に、再び豊臣恩顧の武将の子たちが打倒徳川で立ちあがった可能性もある。

いずれにしても家康としてみると、「待ってました」とばかりに、兵を西に向けた。

上杉を討つべく会津に向かった諸将だったが、「三成立つ」の報を受け、家康の主催で話し合い、うまく三成軍（西軍）を討つべしとの結論を導き出した。

特に豊臣恩顧の福島正則《ふくしままさのり》らの有力大名が、家康についたのは大きかった。

すべては三成が各武将に嫌われており、また秀吉の正妻・北政所《きたのまんどころ》と淀殿との関係で、西軍に味方にすることができなかったのが大きかった。

淀殿も、実質的に豊臣方最高の権力者であり、何かと口をはさみ、北政所を立てずにいた。

分をわきまえない、本当の実力がないのに権力を持つ者の悲劇である。

これは実業界にも時々見られる光景である。組織の存続、発展のガンとなる。

トップ・権力者に、本当の実力が備わらない無能な人がいる組織は必ずだめになることを私たちは肝に銘じておかなくてはならない。


だから福島正則、加藤清正《かとうきよまさ》、浅野幸長《あさのゆきなが》、黒田長政《くろだながまさ》など、ほとんど秀吉と北政所に育てられたような武将たちが家康についたのである。


しかし、真田家だけは独自の路線をとった。

真田親子の軍も、家康の与力大名であったから、上杉討伐に加わっていた。

それが下野国《しもつけのくに》（栃木県）まで来たときに、三成の挙兵に味方してくれという要請がきた。

そこで有名な〝犬伏《いぬぶし》の別れ〟が生まれた。

最初、昌幸《まさゆき》は怒ったという。

なんで、自分に事前に策を相談してくれなかったのか、と。

これも三成の判断の悪さ、決断力のなさから来ている。

三成は誰が味方になってくれるかわからなかったからと言い訳をしている。

最後まで親友の大谷吉継《おおたによしつぐ》にも打ち明けていないくらいだ（しかも、ここでも最初は猛烈に反対されている）。

しかし、どうせ命がけなら、兼続と同時に昌幸に相談をしていれば、昌幸のことだから、上杉景勝《うえすぎかげかつ》に持ち込み（気に入られている幸村を上杉軍に知らせるなどして背後から）家康軍をうまく破っただろうと思う。

真田は、家康が唯一といってよいほど苦手とした天敵だったからだ。

しかし、こうなってしまっては、どうすべきか昌幸は考え込んだ。

信之《のぶゆき》、幸村の息子二人との話し合いが行われた。

どのようなことが話し合われたのかはわからない。

文献上の話は、想像上のものか、言い伝えのものであるが、それらは真田親子が作戦上、表に出したものと、私は思っている。

一応は次のようなことが言われている。

長男・信之は、家康につこうと言った。

理由は次のとおりである。

今、現に徳川の与力大名として動いているではないか。今さら離れるのはおかしい。何よりも家康しか、日本をまとめられる人間はいないではないか。時代の流れを読んでも家康しかいない。

それに家康は自分の義父である。妻は徳川四天王のひとり本多忠勝《ほんだただかつ》の娘であり、家康の養女である。それに背《そむ》くわけにはいかないではないか。

これに対し、幸村の主張はこうだ。

真田家がお世話になり、今、大名として晴れがましく立っていられるのは豊臣秀吉のおかげである。家康はこれまで敵として戦っただけで、真田家のために何かやってくれたわけではない。

しかも、兄の妻は徳川方かもしれないが、自分の妻は、大谷吉継の娘であり、その義父は三成側についた。その上、自分は秀吉にとても可愛がられてきており、豊臣方につきたい。

以上は、幸村の形式上の理由だが、幸村の性格上、父や兄に逆らうということはしない。

もし父と兄が異なったら、自分が父を助けて動かなければならない。つまり、どの立場であろうとも父の行く道を支えてやろうと思ったはずだ。

では父・昌幸はどう考えたか。

昌幸は生まれついての策士だが、義はきちんとわきまえているところがある。

そもそもが、この時代の人にしてはめずらしく、家康を何とも思っていない。

ただ信玄《しんげん》を尊敬していた。

しかも事実、家康に負けたことはない。これからも負けるなんて思っていない。

確かに、時代の流れや三成という男の力量をみると家康に分はある。

それでも自分が三成に協力することで、家康を倒すことも可能ではないか。

また、三成とは妻の関係で姻戚関係にもある。

加えて、昌幸の生き方の特徴は、常に対立する側への配慮を忘れないことである。

つまり信之が、徳川方につくのが自然だったら、自分と幸村は、豊臣方（三成側）につこう。そして真田は必ず守ろうというのである（すでに昌幸の弟・信尹《のぶただ》も徳川の有力家臣にしてある）。

『常山紀談《つねやまきだん》』は、こう書く。

兄・信之が、西軍は必ず負けることになるが、そうなったら、自分が父と幸村の命を助けるために動くと言ったのに対し、幸村は言い返した。

「家の滅ぶとき、人の死すべきときが来たら、いさぎよく身を捨てることこそ勇士の本意でしょう。恥を知らずに生きながらえて、家を滅ぼさないようにしたいというのはもってのほかです」

『名将言行録《めいしょうげんこうろく》』では、この幸村の言葉に信之は怒り、

「『お前のいまのことばは無礼だぞ』といって、いまにも斬りかかってきそうな見幕であったので、幸村は、『いやいや、ただいまここで首を刎ねられるのはお許しください。この幸村は、豊臣家のために身を失おうとの決意なのです』」といったとある（北小路健・中澤恵子訳　講談社学術文庫）。

結局、こうして昌幸も幸村の考える忠義を自分と同じ考えとして西軍に味方することにして、上田城に引き返すことにしたと述べる。

どうも、これらは昌幸、幸村の言葉らしくない。

この犬伏での三人の話し合いは対立したのではなく、今後の真田家の方針を強く確認し合ったものだったと思える。
そうすることで、幸村・信之の後の人生もよく理解できるのである。

MATOME

自分がどう動けばよいかという正しい判断は、信頼できる人たちがいるという前提で、はじめて成り立つ。あとは信頼できる人との基本的方針の確認を信じて、自分の一番よいと思われる動きをすればよい。

苦手な相手は必ずいるもの

～兄・信之の生き方そして第二次上田合戦

犬伏で親子三人の話し合いが行われたのは、慶長5年（1600年）7月21日ころである。

信之《のぶゆき》は7月27日に家康《いえやす》にどこまでも忠誠を誓うが、父・昌幸《まさゆき》と弟・幸村は西方につくことを知らせている（家康はこの信之の忠誠心と、素早い知らせに大変喜んだとされる）。

一方、昌幸は7月21日に三成《みつなり》に手紙を出しているが、はっきりと味方するとは述べていない。

昌幸一流のかけ引きが行われ、何度かのやりとりがあり（残っている三成からの手紙だけでも半月の間に8通ある）、8月5日付けで、西軍が勝利したならば、小諸、深志、川中島、諏訪などの信濃一国を与えるとの手紙を出している。

さらに8月6日付けでは、さらに信濃一国だけではなく甲斐も与えると約束した手紙を出している。

ここでようやく昌幸は、三成側に味方すると立場を明らかにしている。

一方、家康は上杉討伐の名目で集めた約7万の軍をそのまま東軍として、三成の西軍と戦うことに成功した。

先に述べたように三成を嫌っていた豊臣恩顧の福島正則《ふくしままさのり》、黒田長政《くろだながまさ》、池田輝政《いけだてるまさ》、加藤嘉明《かとうよしあき》らの有力武将を率いて東海道を上った。

一方、徳川譜代の家臣たちで構成した主力3万8000は、秀忠《ひでただ》が率いて、中山道《なかせんどう》から西に向かうことにした。

二つに分けた理由はいろいろ考えられていて、一つは、大量の兵の食料をまかなうため、二つ目は、もしも家康軍が敗れたときのことを考えて、徳川主力と跡継ぎ秀忠を温存しようとしたといわれている。

さらには、先述のごとく、上杉軍が徳川軍を背後から攻めてきたときのことを考えたのかもしれない。真田昌幸・幸村の上田城も気になったのかもしれない。

上田城の真田軍は最大に集めたとして5000にも満たない。3万8000対5000

なら軽く潰せると思ったであろう。

しかし相手は百戦錬磨の昌幸であり、15年前には7000の徳川軍が2000の真田軍に一方的にやられていた。油断は禁物である。

どんなに強い人、強いチームであろうとも、なぜか必ず苦手とする人や相手チームがあるものだ。こういう相手と対するときは、こちらも他人や他の組織と組むなどして慎重を期して戦うべきである。

さっそく策士昌幸は9月3日、長男・信之を通して秀忠に使者を出し、「頭を剃って、降参の話し合いをしたい」と申し出てきた。

4日に信濃国分寺で話し合いは持たれたが、昌幸のほうは、時間稼ぎのためと秀忠を怒らせるための作戦だったのだ。

ついに怒った秀忠は、5日になって、信之に戸石城を攻撃させた。15年前は信之が、ここを守り、徳川軍を痛めつけたところである。

戸石城というのは、自然の山をうまく使った難攻不落の城であり、あの信玄でさえ唯一敗れたというところである。

しかし、戸石城にいた幸村は抵抗することもなく、さっさと上田城に引き上げている。

犬伏の話し合いのときの言葉（といわれている）とは裏腹に、この兄弟は、決して直接戦うということなどしなかったのである（後の大坂の陣でも、信之は病気ということで参戦していない）。

9月6日になると、秀忠は、上田城攻めを始めた。

まずは上田城周辺の稲を刈らせた。ちょうど収穫前であり、真田の多くは農民兵であり、これらを城から誘い出すためでもあった。

しかし、真田軍は冷静に徳川兵を鉄砲で撃ち、逆に徳川兵は怒って我を忘れて城を攻めた。

城に引き寄せた真田軍は、一斉に攻撃をかけて徳川兵を面白いように倒した。時には幸村ら率いる城からくる軍にもやられた。そして近くの山に隠れていた兵もこれに加わった。

さらに昌幸は、せき止めていた神川《かんがわ》の水を一斉に放ち、多数の徳川兵を川におぼれさせた。

こうしているうちに7日になって本多正信《ほんだまさのぶ》の進言もあって、秀忠も上田城攻撃をあきらめた。

三成との決戦に遅れてはならないからだ。

しかし、結局、9月15日に関ヶ原の戦いは一日で終わり東軍が勝った。

ついには秀忠率いる主力はこの決戦には間に合わなかったのだ。

せっかくの昌幸・幸村の奮闘による戦いは、実を結ばなかったのである。

やはり、家康はついていたし、その人間の総合力ということで三成はかなうところではなかったのだ。

神や天は、よく見ているとしかいえない。

昌幸・幸村にしてみれば信じられない結果であったろうが、それが厳しい歴史の現実だったのである。

MATOME

どんなに強力な組織になっても、
相手にするとうまく勝てないという敵はいるものである。
いかに戦うことなしに、済ませるか考えて
対処するのもリーダーの役目である。

優れた人材は、敵であろうと生かして、活用する

～兄・信之と尊敬し合った幸村

幸村は、徳川譜代の武将たちと実際に戦い、蹴ちらした。

それまではわずかかもしれない実戦経験だったが、この経験は大きかった。

関ヶ原で味方した西軍は敗れてしまったものの、自分たちは徳川の主力軍をコテンパンにやっつけた。

関ヶ原での西軍敗戦を知ると、昌幸《まさゆき》は、こうなった以上、「天下を相手に暴れてやれ」と家臣に呼びかけ、真田を看視するためにいた森忠政《もりただまさ》軍を追い払った。

しかし信之《のぶゆき》の、予定通りというべきか、必死の説得によって降伏することにし、その後の信之による親兄弟の援命運動が行われた。

結果は、昌幸と幸村は切腹を免れ、紀州の高野山に配流された。

昌幸は「本当に悔しいことだ。家康《いえやす》こそこのような目にあわせようと思ったのに」と涙を流したという。

それにしてもよく助命されたと思う。

もともと家康という人は、信や義を通す武士が大好きで、そういう人はあまり殺さない。秀吉《ひでよし》もそうで、優秀かつ信義に厚い人は自分の味方にしていこうとした（天下人となった後の秀吉は、少々ボケてきたのか、幼いころからの学問や精神修養が足りなかったのか段々怪しくなったが）。

だから、秀吉も家康も天下人となれたのだ。

家康自身も秀吉が信長のようにすぐ人を殺すような人だと、命はなかったろう（秀吉の損害も大きかったろうが）。

信長《のぶなが》は日本史では異例のリーダーである。構想力は人一倍あるが人間的度量が狭い。日本人は政敵やライバルを殺すことは必要最小限とするものだ。

中国では徹底的に殺す。自分を支えてきた幕僚でも力をつけ将来のライバルと思うとすぐに殺した。

この点、宮城谷昌光《みやぎだにまさみつ》氏が『新三河物語』(新潮文庫)で、「(中国とは違い)主流に敵対した者を歴史的に活用できない日本の文化的あるいは政治的矮小さといってよいであろう」と述べられていることに強い違和感を覚える。

それは、秀吉や家康の人生を見れば、中国や欧州の歴史ではありえないことだったのがわかるからである。

家康は、天下平定後の世の中のことも考えていたところがある。

優れた人材は、敵やライバルであろうと生かして、活用したいとの思いがあった。

第一に、信之を見れば、弟・幸村の素晴らしさもわかる。

父・昌幸は憎たらしいが、「憎たらしくても活かすことができる」ということが、家康が幼いころから苦労し、論語を始めとした多くの教えから学び続けてきたことだ。

家康が論語の教えに忠実であろうとしたことは日本中によい影響を与えた。

本国、中国や小中華といわれる韓国では、儒教は制度や科挙の試験としては定着したが、その教えの中味は一切社会に定着しなかった。

こうした家康の姿勢は、彼だけでなく武士全般、特に優れた武将に多く見られたことだ。

あの勇猛さばかりが目立つ加藤清正《かとうきよまさ》でも、その論語好きは半端ではなかった。

その家康の有力家臣で、真田氏を親族に持つ本多忠勝《ほんだただかつ》も、また同じく四天王の一人で上田攻めの先鋒だった榊原康政《さかきばらやすまさ》も、憎んでも憎みきれない真田ではあるが助命を家康に頼んでいる。

さすがに秀忠《ひでただ》は、面白くなかったといわれているが、家康の決定には逆らえず、高野山の配流処分が決まった。


先にもご紹介したが、幸村の名は信繁《のぶしげ》という。しかしいつの間にか、死後、人々は幸村と呼ぶようになり、それが広く定着した。

信繁という名前は、父・昌幸が付けた。それは武田信繁《たけだのぶしげ》という名からとったものである。

武田信繁は信玄《しんげん》の弟である。典厩《てんきゅう》様とも呼ばれ、とても尊敬された。

信玄の父・信虎《のぶとら》は、この信繁を可愛がり、跡継ぎにしたがったらしい。それほどに優秀であった。

信玄は、家臣の協力もあって父・信虎を駿河に追放した。

信繁は、兄・信玄を支え、武田を無敵の軍にした。

昌幸も、この武田信繁を尊敬し、次男・幸村に武田信繁のようになってほしいと思い、その名をつけた。

だからか、幸村もその通りに、兄を尊敬し、兄を支えるための介在になるべく努力した。

武田信繁は、第四次川中島の戦いで戦死した。このときは軍師として名高い山本勘助《やまもとかんすけ》も戦死している。

川中島は、後に信之が松代藩に転封された地にある。信之はこの信繁をまつって典厩《てんきゅう》寺を建て、信繁をまつっている。

そこには、武田信繁の墓がある。

よく見ると、その墓の左のほうに小さな塔が建っている。これは幸村を慰霊する塔である。

兄弟は、敵味方に分かれたが、いつまでも仲がよく尊敬し合っていたのがよくわかる。

幕府に見つかれば切腹ものであろうが、そんなことよりも弟・幸村の霊をまつり、祈ってやりたかったのである。

武田信繁は、江戸時代の武士たちにも尊敬され、信繁が息子のために書いた『武田信繁家訓』(典厩99ヶ条)を、教本にして唱えていたようだ。

それが『甲陽軍鑑《こうようぐんかん》』に引用されている。それを見ると、論語、史記、孫子などからの教えがたくさんある。

武田家でも、家康と同じく、幼いころからのこうした勉強・修養を欠かさなかったのがわかる。

当然幸村も、その名のいわれからして、この「典厩99ヶ条」は暗誦していたはずだ。

つまり家康と同じ価値観を(兄・信之も同じく)、それなりのところで共有していたと思われる。

家康が武田氏滅亡後の旧家臣を多数迎え入れ、軍法も武田式を多く取り入れ、信玄が名武将の意見をよく聴いて取り入れたことも学んで、それに従うようになったのも、同じ武士道の価値観を有していたからだ。

家康が、幸村を敵ながらも、とても評価していたのがわかる。

信玄や家康に「仲間力」が発揮されたのも当然で、幸村によってその力は最高度に強くなって現れたのである。

参考までに「典厩99ヶ条」の最初に述べてある言葉を紹介しておきたい(『甲陽軍鑑』

には、順不同とはあるが）。

一、主に対し、未来永劫にわたって、謀反を起こそうとする心を抱いてはならない。

『論語』に、「にわかにあわただしいときも、仁を行なう」、また、「主君に仕えることに身を尽くす」とある。（佐藤正英校訂・訳／ちくま学芸文庫）

MATOME

憎き敵であっても、そこに優れたものがあれば、進んで学び取り入れることで、人間も組織も大きく成長する。

敵であっても尊敬する

～徳川家康の生き方に学ぶ

信之《のぶゆき》は弟・幸村について次のように語っている。

「ものごとに対してすべてを受け入れ、柔和な態度で、何事も忍耐強く、ふだんから物静かで、言葉少なく、怒り立つということがなかった」

後の大坂の陣での活躍から、ひたすら勇猛で、きりっと引き締まり、今でいう映画のヒーローのようにふるまっていたというイメージが一般にはあるように思う。

江戸期から明治、大正、昭和、そして平成の今にかけて、一番の人気者であることからもしかたがない。

今ではテレビゲームで観るように、見た目も素晴らしいものとされている。

ただ、残されている資料から見ると、実際の見た目は家康《いえやす》に近いものがあったのではないかと思われる。

どちらかというとずんぐりむっくりの体で、口数はあまり多くなく、怒ることもしない。家康との違いは、天下人かどうかという点である。また、家康は、パフォーマンスで怒るときには怒り、基本的には重々しく黙っていた。

幸村は素浪人であり、その前は大名の次男坊ということもあって（しかし、わがままではなく）、心はすがすがしく、怒ることもなく、いつもニコニコしていたようである。

ただ、知略では、二人とも抜群のものがあり、戦いは勇猛そのもので、敵が大きかろうがかまわず挑み、そしてしっかりした策を立て勝ってみせるのである。

ついでに述べると、女性観でも似ているところがある。幸村は高野山にまで何人かの側室を連れていき、しっかり子づくりをしている。

家康も、第2代将軍の秀忠《ひでただ》が側室をほとんど置かなかったのに対して、多くの側室に（見た目よりも、子づくり優先）、多くの子を生ませている。

秀吉《ひでよし》は見た目を優先してしまったためか、子づくりには失敗している（あまりにも少なかった）。

これも、真田家あるいは徳川家の子孫をいかに残すかという考えがさせた賢い行動によるものかもしれない。

秀吉の女性に対する接し方との比較で、幸村と家康二人に共通するのが、強い強い自己コントロール力であろう。

無邪気に自分の欲望に正直なところが、秀吉が人気を集めるところでもあるように思われるが、組織のリーダーとしてはどうだろうか。


家康が若かりしときの逸話に、まるで幸村かと思われるような言動をしているものがある。

『名将言行録《めいしょうげんこうろく》』に載っている話である。

あるとき、味方の城が今川氏真《いまがわうじざね》（義元《よしもと》の子）の大軍に囲まれ、攻められた。その後方の防ぎには武田信虎《たけだのぶとら》（信玄《しんげん》の父）がいた。これを聞いてただちに自ら一騎駆けで馳せ向かおうとして、老臣たちに危なすぎると諫《いさ》められたが家康はこう述べた。

「『それはその通りであろう。しかし人は、貴賤を問わず信と義の二つによって身を立てるのが習いである。敵の城を攻め落とし、そのまま壊れるにまかせておくのならそうであろうが、すでに味方を入れて置き、いまさらとなって敵が大軍だからといっておどろくにあたろうか。主の大事は従者が助け、従者の危難は主が助けるのというのが、弓矢執る者の道である。いまは後詰に敗けて屍を戦場にさらすようなことになっても、それも運の尽きというものだ』といわれたので、これを聞いていた人びとは『ああ、まことにたのもしき大将よ。この殿のためには、命を捨てることも少しも惜しくない』と勇んで進んだ」

（北小路健・中澤恵子訳　講談社学術文庫）

後の話にはなるが、大坂の冬の陣で、〝真田丸〟によってさんざんに痛めつけられた徳川軍を見て、このままではうまくいかないと判断した家康は、策略を考えた。

一つは淀殿周辺にいるスパイたちを騒がせ淀殿を怯えさせ、和議に持ち込んで真田丸をつぶし、外堀をすっかり埋めてしまうというものだった。

もう一つは、それ以前に幸村を味方にしてしまおうというのである。

父・昌幸《まさゆき》が、家康の家臣に入れていた弟の信尹《のぶただ》（幸村のおじ）を使って、好条件の取引を申し出ている。

最初は、10万石でどうかというのである。

今でいうと年俸何百億ということになろうか。

天下の御意見番といわれ、幼いときから家康に仕えて活躍してきた『三河物語』を書いた大久保彦左衛門《おおくぼひこざえもん》でさえ、わずか2000石である。いかに10万石というのがすごいかわかるというものだ。

それを断られると、何とかして命を助け、徳川体制の中に組み込みたい人材であると考え、「信濃一国はどうか？」と条件を上げた。

これに対し、幸村は感謝しつつも、「いったん豊臣方を助けると約束した以上それを破ることはできない。たとえ日本の半分をくれると言われてもである」ときっぱりと断ったのであった。

つまり人には、利よりも大切にすべき義があるということだ。

これを聞いた家康は「なんとあわれな心にしみる心根か。まさに日本一の勇士だ」といった。

この後も幸村は、家康をあわよくばというところまで追い詰めている。

今につながるよき日本人の原型を見せてくれた二人の偉大なる英雄は、敵同士でありながら尊敬し合った。

もちろん幸村は兄・信之も尊敬しつつこの義の生き方を貫いたのである。

MATOME

自分にいくら利があることで誘われても、
他人との約束を守り通す人こそ、
最後に大成功する仕事をする。

第四章

どこまでも人を愛し、自分の人生を豪快に生きる

～豊臣秀吉、大谷吉継に学ぶ

人は利だけを考えて行動すると大きくなれない

～幸村の人質生活

話は少し戻るが、幸村が人質として豊臣秀吉《とよとみひでよし》の下に送られたのは、天正14年（1586年）の後半のことである。

上杉景勝《うえすぎかげかつ》の下に人質となって行ったのが天正13年（1585年）の7月から8月ごろだから、わずか1年ばかりで越後を去っている。

人質は、臣従する者や家が裏切らないためであり、その成り行きによっては、いつ命を失うかわからないものである。

しかし、人質を預かるほうも預けられるほうも、そこでその人間力が試されているのである。

つまり人質は、その人間を試されて、才能があるとされた者はそこで評価されるし、人質を預かっている側の戦略決定にも大きな影響を与える。

そして人質としてもそこで学ぶことが多く、後の人生は人質時代に得た有形、無形の財産によって、かなり決まってしまうことも多いのである。

幸村の父・昌幸《まさゆき》がそうであったし、徳川家康《とくがわいえやす》もそうであった。昌幸は、信玄《しんげん》の側近となり、信玄の教えを第一として花開いていく。

一方の家康は、今川義元《いまがわよしもと》の下で学問・武芸を学んでいる（特に、義元の先生であり軍師でもあった大原雪斎《たいげんせっさい》に学んだ）。

家康がここで学問を授けられず、本人も嫌がっていたら、後の徳川の世はなかったかもしれない。

若いときの修業は人間が成長するために不可欠なことである。特に苦しいときを過ごし、その中で学ぶことで人はなかなか得ることのできない大きな財産を身につけることができる。今でも10代、20代は進んで苦労する人でないとビジネス界では大した人にはなれないと思うべきだ。

幸村も、上杉景勝の下で義の生き方を確認し、秀吉の下で天下を采配する人の視野と人間的大きさを学んでいる。

幸村が結婚した相手は大谷吉継《おおたによしつぐ》の娘であり、文禄3年（1594年）くらいではないかと見られている。

つまり、秀吉の命じた朝鮮出兵の後のことであり、昌幸、信之《のぶゆき》、幸村の親子3人が九州北部の名護屋《なごや》に出陣した後のことになる。

大谷吉継は、その出自や経歴によくわからないところが多い。

わかっているのは、母が秀吉の正妻・北政所《きたのまんどころ》の縁故者ではないかということである。

そのためか、秀吉に仕え、次第にその才能を認められ、側近になっていった。

石田三成《いしだみつなり》と反対で人望があり、人格者でもあったが、ハンセン病を患い政務からは遠ざかっていったとされる。

『名将言行録《めいしょうげんこうろく》』では、吉継のことを次のように高く評価している。

「人となりは才智があってとても賢く、いくら仕事をしても疲れを知らないで秀吉に気に入られていた」

「ひろく人々を愛し、知能を兼ね備え、人々は賢人と呼んでいた」

三成との比較では、

「三成は常に自分の才能を誇っていて、人々を見下していたところがあるが、吉継は、人とよく交わりよく意見を聴き入れることができた」

とある。

三成が家康を討つ決意をして、吉継に味方をしてほしいということを相談したとき、次の五つの点からやめたほうがいいと述べていたとある。

「まず第一に、家康は五大老の上席にあるが、貴殿は所領も少なく官位も低く、人質を集められないだろう。

第二に、現代では天下を治めているのは毛利輝元と徳川家康の二人であるが、家康は関《かん》八州《はっしゅう》を治め、その所領の大きさは比類がなく、しかも人望がある。

第三は、家康は幾度となく甲斐、駿河の兵と戦い、戦術に巧みである。

第四として、家康は三河国を領したころから井伊、本多といった優れた部下を数多く抱えられているが、貴殿にはそれがない。

第五に家康は部下の家禄を重んじ、戦死した者の子がたとえ幼児であっても家を継がせた。このため部下は家康を親の如くしたっている。

これらのうちひとつでさえ満たすことが難しいのに、家康はすべてを兼ね備えているのだ。敵にしてはならないのは明白だろう」（『大谷吉継のすべて』書集・鈴木輝一朗訳・新人物文庫）

とどめに、こうも言っている。

「君は、才能は抜群だけど、ここぞというときの生死を決める判断力がない」と。

それでも、吉継はこの友のために、三成軍についた。

こういった考え方や態度は、幸村も近いものがあったと思う。

つまり、**人は利だけを考えて行動するのがすべてではないということだ。**

特に、このことは日本人にしか理解できない生き方であることも多い。

こうして見ると、家康に圧倒的分があり、三成に負けると思っている吉継だったら、家康方につくのが当たり前だから、吉継の決断には裏があるという人も多い。

三成に多くの利を示されたのだというのであろう。

確かに三成が家康に勝ったとしたら吉継に頼るところは大きくなったかもしれない。

しかし、吉継はもはや病に侵されて死も近く、ほぼ引退している身である。また、幸村の父・昌幸のようなしたたかな策をとれる人でもなく、利ばかりのために動くという人でもない。友情や義理や恩を何よりも大切にする人だった。

日本人の中には、世界にも例のないような、こんな友情とか人情とか男気で命を賭ける人がいるものである。今も日本企業がかろうじて強いのは、こうした人物が各社に何人かはいるからだろう。一番の資源は人にあるというのが日本企業の最大の利点であることをよく知っておきたい。

幸村も、そんな義父・吉継の生き方に影響された面があって、後に家康から考えられないような好条件による引き抜きにあったさいにも、決して動かなかったのである。

そこに私たち日本人がグッと共感できるものがあるといえるのではないだろうか。

MATOME

日本の組織の中に、
世界でも無類の強さを発揮するものが出てくるのは、
利だけではなく、
情や恩義を大事にする人材が多くいる場合である。

どこまでも人を愛し、自分の人生を豪快に生きる

～秀吉の生き方に学ぶ

幸村は、甲斐の武田氏のところで生まれ育ち、10代後半を父祖の故郷、北信濃で過ごした後、前述のように越後に1年ほど、そして10代の終わりから秀吉《ひでよし》が死ぬまでの10年ちょっとの間（20代の頃）、秀吉の側にいた。

この幸村の半生を見ると、人間の基本は父と信玄《しんげん》（そしてその弟の信繁《のぶしげ》）につくられ、武士としての義の真っすぐな生き方を、上杉景勝《うえすぎかげかつ》と直江兼続《なおえかねつぐ》に教えられ、武士として、国を治める指導者としての処し方を（仕事の進め方や大戦略を）秀吉と秀吉側近の義父・吉《よし》継《つぐ》に学んだといえる。

その時代を動かしてきた人たちの側で、人生を学んだといってよいだろう。

権力者・秀吉に取り入り、媚びを売る人から、義父のような人格者まで、いろいろ見た。家康《いえやす》のことも近くで見て、いろいろ考えさせられたはずである。

文禄元年（1592年）には、朝鮮出兵のため（実際に出兵自体はしていないものの）、九州の名護屋で、秀吉の近くにいて、父・昌幸と兄・信之と一緒にいた。

ここでも親子3人は今後のことと、真田家のことをじっくりと論じているはずだ。

慶長5年（1600年）の犬伏の別れは8年後のことであるが、昌幸《まさゆき》のことであるから、すでにこの名護屋でいろいろな想定をしつつ、今後の方針を確認したことであろう。

関ヶ原で家康が三成《みつなり》を破った後も、幸村と信之《のぶゆき》の動き方には全くブレはなく、お互いの生き方はすべてお見通しといったところがあるのはそのせいではないだろうか。

さて、このように幸村は20代のほとんどである長い間を秀吉の近くにいたことから、秀吉の処世術、治政術に学んだところも多かったはずである。

もちろん、基本は父・昌幸と信玄、信繁の生き方を参考にするものであったろうが、それに加えてその影響は必ずあったと思われる。

特に、人に好かれるという人たらし術は秀吉ならではのものである。

律義さは、家康に近いものがあったが、それに加えての人に好かれるという人たらしの面では幸村も秀吉に近いものがあり、家康とは大分違うものがあった。

『名将言行録《めいしょうげんこうろく》』に、秀吉が近臣によく与えていた教訓というのがあるので、紹介しておきたい。

幸村も、この教訓は、よく聞かされていたはずである。幸村の仲間力の参考にもなったであろう。

・大酒を飲んではいけない。
・朝寝をしてはいけない。
・物事をするのにおろそかにしてはいけない。
・女に心を許し、油断してはいけない。
・小さなことでもよく考えてからやらねばならない。

・ぐちが多い者は気をつけなければならない。
・自分の将来をよく考えること。むやみに人と争わないこと。
・公のこと、世の中のことを重んじて考えなければならない。
・火の用心を怠ってはいけない。
・心に関所《せきしょ》を設け、行きすぎを注意しなくてはならない。
・苦しいときには楽を考え、楽のとき苦を思って自分を戒しめなければならない。
・主人、偉い人は無理を言うものと思わなければならない。
・上に立つ者は、下に対して慈悲深くなければならない。
・下の者にあっては、まず自分の家をうまく治めるようにしなければならない（それが基本）。
・人は、「義」、「義理」というものを大切にしなくてはいけない。
・天の正しい道、天の正しい声があることを恐れ、従わなければならない。
・裁判となるような問題は起こさないようにする。
・女性を大切にせよ（女性の場合は、男性を大切にせよ、と読み代えるべき：筆者注）。
・ウソを言ってはいけない。

・何事にも根気よくやらねばならない。
・淫欲、性欲はほどよくを心掛けよ（やりすぎるな。これは男女双方に言える：筆者注）。
・死後のことも考えて生きよ。
・人の将来も考えてやること。
・人への冗談、たわむれもやりすぎはよくない。
・酔っ払いは相手にせず、避けること。

とある。

今でも十分通用する心得である。いや、以上を心掛けられるようになれば、秀吉とまではいかなくとも、相当な人になることは間違いないだろう。

私は、これをビジネス訓として日々唱えている人は現代でも必ず大成功するビジネスパーソンになると思っている。

幸村はどうだろうか。

秀吉の心得のほとんどが、クリアされていたように見える。だから、「日本一の兵《つわもの》」といわれるほどの人となったのであろう。

中には、幸村は酒好きだったことから、アル中に近い人だったかのように面白く書いている人もいる。

確かに、高野山で配流生活をしているときに焼酎を村人にねだったということが手紙の中に書かれているが、あれは親しみの表現の一つであろう。

信玄が昌幸らに述べていた、人を見る際に注意すべきことの中にも、「酒に飲まれる人かどうか」というのがある。

それほどにも、酒に飲まれ、酒ぐせが悪い人は人の上に立つことはできないし、そもそも向いていないのだ。

根っから人のことを思える人は、そしてよいリーダーは、絶対に酒に飲まれない。だから、酒は強くても、酒には飲まれない人である。

酒に弱ければ飲まなければいいだけだ。

少し笑ってしまうのが、女性に関してである。

秀吉は、「女には油断するな」「淫欲はほどよくにとどめろ」と述べる。

これもよく誤解されて、「秀吉は女好きがひどくて女狩りまでしていた」とか、「女性を何百人も置いていた」というようなことが書かれている西洋人のキリスト教関係者の記録もあるようだが、噂を誇張したにすぎないだろう。

秀吉の一番の関心は、天下の支配と世の中の安定であった。

そのためには、まず自分の家のことを大切にし、うまくいくようにしなければならない。

そのためにこの教訓を守った。

正妻である北政所《きたのまんどころ》を愛し、とても気を配った。

もちろん生来の女好きではあったろうが、ほどほどに、いいように、自分を抑えたのである。

秀吉夫妻の仲がよかったことの一例として、織田信長《おだのぶなが》が秀吉の妻おね（北政所）に出したという有名な手紙が挙げられる。これは、おねが信長に送った「秀吉の浮気を注意してくれ」という手紙への返事である。

それには、おねの容姿が前にも増して美しくなったこと、おねのようなよき妻はあの

〝はげねずみ〟（秀吉のこと）においては二度と探し求めることはできないこと、だからおねも焼きもちはほどほどにして我慢するようにすること、この手紙を秀吉にも見せてよく意見しておくこと、などが書いてある（『太閤の手紙』桑田忠親著・講談社学術文庫参照）。

この点、幸村も、秀吉には遠く及ばないにしても〝ほどよく〟女性を愛したようだ。

MATOME

自分に正直であることはよいことではある。
しかし、世の中で一流の人となっていくには、
自分に正直であるとともに、それ以上に、
他人を気持ちよくさせていかねばならない。

歴史の正しい見方はいろいろある

～秀吉の大きな戦略に学ぶ

大きく歴史を見ると、現在にまで続く日本と日本人に重要な部分で影響を与えた英雄というのは、織田信長《おだのぶなが》、豊臣秀吉《とよとみひでよし》、徳川家康《とくがわいえやす》の三人であるといえる。

もちろん大前提として、日本国民の一人ひとりが、太古の昔から現在に至るまで、優秀で他には類を見ないバランスの良さを持っていたことと、その象徴たる天皇がずっと続いておられたということがある。

英雄では、以上の三人に加えていうと、あとは幕末の吉田松陰《よしだしょういん》と西郷隆盛《さいごうたかもり》が続くものと見られる。

ところで、信長、秀吉、家康の三人だが、幸村は、信長とは直接の接触はなかったろうが、秀吉と家康には関係している。

一人は直接の側近として、もう一人は生涯の敵としてである。

二人の英雄に認められている点でもすごいが、死んだ後には、日本の庶民の間で一番人気となっているのも大したものである。

これは、徳川の権力が隅々まで行き渡っていることから生まれる大衆の反発心を、うまくくすぐったからでもあろう。

あの家康率いる徳川軍を、いいように破った少数兵力の真田軍、幸村軍をあっぱれと思ったのである。

幸村は秀吉や家康による天下支配を見ていたわけだが、特に秀吉による国家戦略をどうするかを身近で学んだのである。

秀吉はよくいわれるように、信長の「天下国家を支配していくこととは何か」に学び、それに向かって行動した。この延長線上に朝鮮出兵や海外進出構想があったのだが、これは失敗している。

家康は、秀吉のつくった基盤をうまく引き継ぎ、修正して、徳川家が日本を支配していくことができるように、小さくだがうまくまとめたところにその才能を発揮した。

この点で、その役割を三人がうまく分担できたとされている。

会田雄次《あいだゆうじ》京都大学教授は次のように表現している。

「たとえていうならば、餅をつく奴とこねる奴と食べる奴という、例の狂歌ではないですけど、この三人は本当にうまいこといきました」

「たとえていうならば、信長は上を向いて歩き、秀吉は真っすぐ前を向いて歩き、そして家康は足元を見て歩いた、となるでしょうか」（『だから歴史は面白い』谷沢永一対談集・潮出版社）

この三人の中では、秀吉が日本人の間で特に人気が高い（それに加えて幸村も人気が高いが）。

今でもNHK大河ドラマでは、この秀吉が登場すると視聴率が稼げるといわれている。

江戸、明治、大正、昭和の大戦前までは、この人気はもっと圧倒的であった。

戦後は朝鮮出兵や海外戦略構想が「日本の侵略主義」と批判されたこともあり、また、山岡荘八《やまおかそうはち》の本『徳川家康』（全26巻　講談社）が超ベストセラーとなり家康ブームが起きて、その人気は少し落ちることになった。

ただ、現在の価値観ですべてを断罪してよいかは疑問もあるところである。

あのフランス人が一番の英雄としているナポレオンだって、どれだけ他国を侵略し、何人の人を殺したかわからない。レーニン、毛沢東《もうたくとう》にしてもそうだ。現在の価値観で歴史をすべて断罪するのは愚かしい。

秀吉研究の第一人者、桑田忠親《くわたただちか》博士はこう述べられている。

「太閤秀吉のことを侵略日本国の代表者のように見て、非難し、嫌悪するが、これは日本が敗戦したからであって、ひろく世界史的な立場から見れば、他国や多民族を侵略しない文明国は一つもないし、英雄と呼ばれるほどの偉人は、みな、他国侵略の指導者だったのである。それを、日本ばかり責めるのは、戦争に対する反省、ざんげとしては、正しく受け取れるけれども過去における史実の公正な批判としては、片手落ちであるし、学問的研究としては、非科学的というべきだ。現在のざんげ、将来の願望と、過去の史実の究明では、まったく別個な問題であって、これを混同するのでは、歴史学とはいえない。太平洋戦争に勝ったとすれば、太閤秀吉を日本随一の英雄と礼賛し、惨敗すれば、侵略主義の標本として誹謗するような歴史観では、情けない。太平洋戦争の責任者は戦争当時の独裁的政治家や軍部であって、太閤秀吉ではない」(『豊臣秀吉のすべて』新人物往来社)

本当にそう述べたのかどうかはわからないにしても、『名将言行録《めいしょうげんこうろく》』には、秀吉の側近に対しての死ぬ前の言葉を紹介してある。

「あれやこれやと思いめぐらしてみると、この七年間、朝鮮と戦をし、明と戦い、わしがあの両国に恨みを買うような結果となったことは、わしの生涯の過失であった」

その前には、自分を諫《いさ》めてくれる側近の大事さについて次のようにいう。

「自分と同じような近臣を選び、ひそかに自分の目付として頼んでおき、ときどき意見してもらい、自分の行いの善し悪しを聞いて万事に気をつけることが将たる者の第一の要務である。この心得がなければ、じぶんの過失がわからずに、諸人から疎まれ、家を滅ぼし、身を失うものである」(以上、北小路健・中澤惠子訳　講談社学術文庫参照)

この立場から秀吉を擁護すると、秀吉はいろいろな人から話を聞いていて、信長の戦略も基本的に頭にあったが、それに加えてポルトガルの宣教師などからの話についてもよく考えた。

「小さな日本にとどまっていていいのか」

現に西洋人はこうして日本にまで来ている。

世界地図を見て驚いた。こんな小さな日本の中で縮こまっていては、危ないと考えたのである。

この難しい問題を徳川幕府は、鎖国制度によって、考えないこと、見ないことにした。

それで日本の文明、文化が発展したことはよかったが、問題もあった。

日本の存立が危うくなったのだ。

ずっと西洋諸国が狙っていたからだ。

すでにアジアのほとんどは植民地となり、あとは日本だけだった。

結局は、これが吉田松陰、西郷隆盛、勝海舟《かつかいしゅう》たちの活躍につながって、明治維新が起こったのである。

また、『真田三代記』などで幸村が庶民に大人気だったのを、完全に抑え込まなかった（徹底した言論弾圧をしなかった）徳川幕府の英断も評価される。

義つまり正しい判断、生き方は、一つではない。

考え方も立場も変えれば、全く違うものになるということだ。

家康の考え・志と、幸村の考え・志は違う。

幸村の志にも正しい義があるのだ。

こうした柔軟な姿勢が日本人の長所である。

幸村は秀吉に学び、家康を高く評価しつつも、自分の正しい生き方を見せたのである。

MATOME

自分だけが正しいとは思わない。
広く他人の考え、生き方を知り、尊重し、常に反省していく中で人も組織もより正しく、大きくなる。

次の機会を待つ

〜高野山・山麓九度山への配流

慶長5年（1600年）、徳川軍の主力を上田に引き留めたにもかかわらず、西軍は敗れてしまった。

やはり小早川秀秋《こばやかわひであき》の裏切りが一番痛かった。秀秋の裏切りがなければ、西軍が勝っていたかもしれない。

日露戦争前の陸軍を指導した名参謀のメッケル（ドイツが誇るモルトケの弟子）も、軍の配置を見て西軍の勝ちと判断しているほどである。

しかし、豊臣一族の出である秀秋が東軍についたのを見ればわかるように、三成《みつなり》を中心にした西軍は、家康《いえやす》によってよくまとめられた東軍に結局は破れたと思う。

そもそも三成に、西軍をまとめる人望はないし、軍略家としても家康には全くかなわなかった。

裏切りは十分予想できたはずの秀秋を松尾山《まつおやま》という重要な位置に陣取らせてしまっているし、その前の決戦時期の判断も間違っている。まこと大谷吉継《おおたによしつぐ》の言う通りであった。

昌幸《まさゆき》、幸村にしてみると、半分はわかっていたものの、もう半分は、自分たちの奮戦で勝てるようにできたはずなのに、との悔しさはあったはずだ。

上杉景勝《うえすぎかげかつ》の背後からの追撃も、なぜやらなかったのかとの疑問もある。

これも、三成が事前に幸村に相談していれば面白い結果となったかもしれない。なぜならこちらには、景勝や兼続《かねつぐ》と親しい幸村もいたのであるから。

降伏した昌幸、幸村の処分は、高野山への配流で、山麓の九度山《くどやま》に蟄居《ちっきょ》ということになった。

伴をする人間は家臣16名と、幸村の正室と側室2人と子どもたちであった。

昌幸54歳、幸村は34歳であった。

これより幸村は14年もの間、ここで暮らすことになる。

34歳というと当時の年齢では一番の働き盛りで、武将として最高に脂が乗ったときである。

昌幸はずいぶんと暴れ回った充実した人生をすごしてきたが、この人らしく、まだまだという思いはあったようだ。

最初は、家康の赦免《しゃくめん》によって、蟄居《ちっきょ》処分は解かれると思っていたようだ。本多正信《ほんだまさのぶ》がうまく取りなしてくれるとの期待もあった。

事実は不明だが、家康の側近、本多正信との何らかのやりとりがあったと思われる。弟の信尹《のぶただ》あたりが動いていたのは十分考えられる。

長男・信之《のぶゆき》は、家康と秀忠の信頼を失わずに真田藩を守り切るのに必死で、そんなことはできるはずがない。

家康にしても秀忠《ひでただ》にしても、真田には苦い思いしかなく、よほどのことがない限り昌幸、幸村を赦免するわけにはいかない。

信之の真田藩を認めているだけでも、とても寛大な処置といえるのである。

昌幸は、赦免されないとわかってからは、打倒家康の戦略を立ててうさを晴らした。

どんなに追い込まれようと、何が起きるかわからないと、次から次へと意欲をもって自分を磨き、準備を怠らないことが必要なのは、どんな人にも大切な生き方であろう。

昌幸は家康が考えることは手に取るようにわかっていた。

必ず大坂の豊臣方を潰しにかかる。

そのとき豊臣方はこう戦えば勝てるとの作戦を幸村にも語った。

「彼によれば、まず吉野原（関ヶ原のこと）で敵の進軍を手間取らせ、次に瀬田の橋を壊し、それから二条城を焼き払い、最後に大坂城にこもって戦うというのである。しかもそのあいだは夜討ち朝駆けで神経戦で相手を悩まし、大軍の兵糧尽きるのを待っていれば自然に味方する軍勢も多くなるだろう、というのであった。

『しかし、大坂に今いる兵法に不勉強な者たちにこういう策を用いず、名城であることばかりを頼んで無謀な戦いをやり、滅亡するであろう』

はたして昌幸の死後、その予言どおりの結末となった」（『新名将言行録』奈良本辰也監修・主婦と生活社）

昌幸の予言した豊臣の滅亡であるが、それでも、後に幸村は息子・大助《だいすけ》とともに豊臣方に加わっている。

なぜだろうか。

その決断の理由を次に考察してみたい。

MATOME

不遇のとき、
わが身の不運を嘆いてばかりでは何も起こらない。
必ず次のチャンスがあると信じ、
そのための準備を怠ってはいけない。

現在の自分の環境下で楽しく全力で生きる
～大坂城に入る

20代のほとんどを秀吉《ひでよし》の近くで華やかに暮らし、小田原攻め、そして第二次上田合戦で大活躍の働きをした幸村は、34歳からの14年間、高野山麓の九度山《くどやま》で山村生活を送った。

こうしてみると、いかにその人生が全く違ったものに変わってしまったかが、しみじみとわかるであろう。

それもあってか、これまでの本のほとんどは、いかに配流生活が寂しいものであったかを述べている。

このことについては、反対はしないが違った見方もできるのではないか。

家臣と家族を養うのに、紀州の領主であった浅野家からは、わずか年に50石しか支給されていない。

50石だと、一家族でも質素な生活しかできないほどだから大変厳しいのがわかる。だから、あとは兄・信之《のぶゆき》からの仕送りが頼りであった。

それでもとても足りなかった。

一説によると、昌幸《まさゆき》が刀の柄に巻いていた独特の組紐《くみひも》を商品化し、〝真田紐《さなだひも》〟といって家臣たちに行商させたという。

このことが、「〝真田十勇士〟が、それぞれ全国を回って情報収集して幸村に報告していた」という話になっていったのかもしれない。

幸村の手紙にも、自分のわびしく、情けない姿を自嘲するものがある。

例えば、兄・信之には「年をとったせいか、気持ちもくたびれた」とか「長年の山暮らしでいろいろと不自由し、私も大くたびれ者になってしまった」と述べている。

特に義兄にあたる小山田茂誠《おやまだしげまさ》に宛てた手紙では「私なども去年より急に年をとり、ことのほか病身になりました。歯も抜けて、ひげなども黒いところもあまりなくなりました」と情けない。

このとき幸村は44歳ほどである。

確かに、九度山での生活が見えるようである。ときには大好きな焼酎をねだる手紙も残っている。

しかし幸村の九度山での生活が、寂しいものだけであったとはどうしても思えないのだ。というのは、長男・大助《だいすけ》も生まれ、父・昌幸の面倒を見つつ、正妻や側女たちとも仲良く暮らしているからだ。

父・昌幸が生きている間は、その華々しかったこれまでの戦話《いくさ》で盛り上がり、特に大助などは何度も何度も聞かされ、山育ちでありながら気分は日本を代表する武士となっていたはずだ。また、鍛練も怠らなかった。

だから大坂の陣でも、わずか14歳になるかならないかで、兵を率いて大活躍できたのだ。

何よりも注目されるのは、大坂の陣で豊臣方に加わったとき、地元の〝猟師組〟が100人くらいいたとされることである。

約100人の猟師たちが、負ける可能性が高い（死ぬことが予想される）戦いにおいて幸村と生死をともにしたということだ。

普段から一緒に猟をしているうちに、いつのまにか幸村の虜になって、ついには生死をともにしようと決意するほどになったのである。

これは、幸村の九度山での生活が、決してわびしいといったものではなかったことの証拠ではないのか。

人は、１００人もの親友をつくることは不可能に近いことだといわれている。

それを命を賭けて、一緒に死のうとまで言える仲になるのである。

例えば、とても卑近な例でいえば、１００枚の年賀状を心を込めて手書きすることはとても大変なことである。また、書店でサイン会を開いて１００人にサインするのも結構大変なことである（そもそも１００人集めるのが大変）。

普段の付き合い方に、心がこもった充実したものがあったからこそ、これだけの人が本当の仲間として一緒に行動してくれたのである。

このほかにも、幸村一家が大坂城に入るとき、地元の人の協力で、看視していたはずの浅野家を振り切ることができている。

『名将言行録《めいしょうげんこうろく》』には、「昌幸の法要をするから」といって数百人の村人を招いて、飲み食いをさせ、みんなが酔っ払って寝込んだのを見て、九度山を脱出したとある。

数百人全員が寝込んでわからなかったなんて常識ではありえない。話を合わせただけのことだろう。

これを聞いた領主の浅野長晟《あさのながあきら》は「そうか。真田ほどの者を百姓に止めろと命ずることのほうがよっぽどおかしいのだ」と妙に納得している。

長晟も昔、秀吉の近くにいて、幸村と親しかったというから、これもうまく話を合わせているとしか思えない。

前に幸村の手紙で一部紹介したが、幸村からすると手紙はすべて徳川方にチェックされていると考えていたはずだ。

その中にも、幸村らしい「暖み」「優しさ」と「へりくだる態度」がにじみ出ている。

よくいわれることだが、本当に強い人というのは、こういう人である。

ふだん勇ましく強がっている人に、本当に強い人はいないのである。

吉田松陰《よしだしょういん》もよく述べているように、外見は優しく大人しそうだが、中は情熱に溢れ、不断の努力を忘れないという人が大きいことをするのだ。

しかし、14年にも渡る山中の配流生活の中でも、みんなを結束させ、いざというときに力を発揮させる、そんな幸村の本物の覚悟とともに、その「仲間力」には頭が下がるとしかいえない。

MATOME

今置かれている状況を嘆いてばかりの人に決して大きなチャンスは来ない。どんな現実の中でも全力で生き、その周囲の人たちとよい関係をつくれる人こそ大きな仕事をやり遂げるのである。

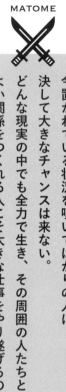

第五章

自分の考え方をしっかりと持ち（覚悟し）、ブレないで生きる

〜大坂冬の陣

人に振りまわされて、自分の生き方や考え方をブレさせない

～大坂冬の陣、ぼっ発

高野山麓九度山《くどやま》での蟄居《ちっきょ》生活は、寂しいだけではなかった。制約はあったろうが、狩りや武芸の鍛錬はしていた。前にも述べたとおり、幸村の長男は九度山で生まれ、そこでしか暮らしていないのに、馬にも乗れ、大坂の陣でいきなり部隊を指揮し、実際に戦って活躍している。彼はわずか14歳にもならない少年である。幸村自身も、陣頭で奮闘している。50歳にもなろうという人間がである。

「『いざ鎌倉』いや『いざ大坂』が必ずくる」という昌幸《まさゆき》の遺言のような言葉を信じて、よく鍛えていた。

つまり、苦しい中でも充実していたのだ。それだけの、決して失われることのない強い覚悟があった。

だから、一緒に狩りをやっていた猟師たちも（何と100人あまりも）加わったのであろう。

さて、徳川家康《とくがわいえやす》は、関ヶ原の戦い後に徳川幕府を開き将軍職に就き、慶長8年（1603年）、天下支配を固めた。

慶長10年（1605年）には、秀忠《ひでただ》に将軍職を譲って、徳川家による世襲制を明らかにした。

自身は、慶長12年（1607年）になると、駿府《すんぷ》（静岡）に移り、そこから目を光らせる形で徳川の世を固めていった。

「もしかしたら将軍職は豊臣秀頼《とよとみひでより》が継ぐことになるのでは？　あるいは政権を豊臣に返すのではないか？」

という淡い期待を抱いていた豊臣方であったが、これで完全にその夢は破れてしまった。

逆に、家康としては、自分が生きているうちに豊臣を滅ぼしてしまおうと考えた。家康という人の生き方は、とにかく「律義に約束を守る」というものだった。

その点から見ると、秀頼の近くにいた豊臣重臣たちの願いもわかるような気がする。

しかし、秀吉《ひでよし》の晩年を見てもわかるように、人は、どうも老いてくるとわが子や孫に権限や財産を遺したくなるもののようである。

それまで自分をコントロールできていた強い精神力が吹き飛び、生まれ持った欲望が裸となって出てくるのだろう。

家康も例外ではなかった。秀吉の晩年のことを醜い老害と批判するが、大坂の陣を無理やり起こし、豊臣家を完全に潰したのは、家康のそれまでの人生からして、「そこまでやるか？」というものであった。だから、後世タヌキおやじというような陰険なイメージがついたのであろう。

これを悪く言う人もいる。

しかし、別の見方をすると、とにかく家康は、天下から争いをなくし、平和な世にしたかったのだ。今、争いの火種として考えられるのは大坂の豊臣方しかない。だから何としても、どんな理由をつくってもこれを滅亡させようとしたのだということがいえる。

70歳を過ぎても、この執念はまだ燃えさかっていた。73歳になっても、全軍の先頭になって指揮したこの男の気概には頭が下がる。幸村とは別の意味で強い覚悟があったのだ。

何度も言うように、もともとの家康の生き方は、律義で義と信を守るものであった。

有名な家康の〝東照宮遺訓《とうしょうぐういくん》〟は、その家康の心得をうまくまとめたものである。

それを確認しておくと、

・人の一生は重き荷を負うて遠き道を行くがごとし。急ぐべからず
・不自由を常と思えば不足なし
・心に望み起こらば、困窮し足る時を思い出すべし
・堪忍は無事長久の基
・怒りを敵と思え
・物好きは末に嘆くことありと知れ

・勝つことばかり知りて負くるを知らざれば、害その身に至る
・己を責めて、人を責めるな
・何事も及ばざるは、過ぎたるに勝れり

というものである。

最後の「及ばざるは、過ぎたるに勝れり」というのは、ご存知、論語にある「過ぎたるは及ばざるがごとし」がもととなっている。

あれほど論語を信奉してきた家康だが、論語の教える「やり過ぎは、やり足りないのと一緒」ということについては、「物事はやり過ぎないほうがいいのだ」としている。

これを後に信条としたのが大久保利通《おおくぼとしみち》である。

二人に共通しているのは、つきまとう一種の暗さである。

二人の、日本人離れした冷徹な戦略、戦術をもって、強い意志で物事をやり遂げていく

その実行力は、日本の歴史上類を見ないものである。

また彼らは、ここぞというときには恐ろしく非情ともなれる。

大久保利通が、かつて親友であった西郷隆盛《さいごうたかもり》に西南の役を起こすよう仕向けて明治新政府の権力を完全なものにしたように、家康も大坂の陣を起こさせて徳川幕府の権力を完全なものにした。

大久保は尊敬した家康のやり方を見習ったのかもしれない。


家康は、豊臣秀頼《とよとみひでより》が秀吉の追善供養のために京都・方広寺大仏殿を再建させたときに、その梵鐘《ぼんしょう》に刻ませた銘文に対して難癖をつけた。

銘文の中には「国家安泰」「君臣豊楽」とあった。

これは「安」の字で、「家康」を分断し、「豊臣」を君として楽しむという意味であるというのだ。明らかに豊臣を潰すための言いがかりだ。

豊臣方から言い訳のための使者も出たが、家康は豊臣家の国替えか、秀頼と淀殿《よどどの》の人質（江戸住まい）を条件とした。しかし豊臣方はこれらを拒否した。

このため、家康の思惑どおり、大坂の陣がぼっ発することになった。

家康73歳のときである。

なお、以上の屁理屈は、時の学者（僧侶）で権威がありそうな人を集めてつくりあげたものだ。

御用学者というのは、どんなことでも、身を守るためであったり、また有名になったり、権威がもらえたりすると思えば、どんなふうにも理論立てることができるという悪い先例となってしまった（これは日本だけのことではないが）。

この、豊臣家を滅ぼす原因となった方広寺の鐘銘は、その後どうなったのか。

なんと、今もちゃんとあるのだ。

それぱかりか、この鐘銘は、後に名文・名筆の手本として広く流布しているのだ。

そんないいかげんなことが、世の中では平気で行われているのである。

安保法制の改変が戦争、徴兵制につながるといった学者や大マスコミが、法案が成立してしまうと、反対報道のことなどほとんど忘れてしまうことともよく似ている。

偉い人や有名な人が言うことに惑わされず、「自分の考えをしっかりと持つ」という訓練をすることが大切であるということを肝に銘じておきたい。

幸村のような智者・勇者になるためにも、人によって振りまわされたり、ブレたりしない人になれるように努力していくべきだ。

MATOME

世の空気を知ることも重要だが、自分の生き方、考え方については、目の前のいいかげんな声に惑わされてはいけない。

どんなときでも最善の案を提案する

～冬の陣の軍議

徳川方との戦いが必至となってしまった大坂城の豊臣方は、各地の豊臣恩顧の大名や武士たちに参加を要請した。

しかし、秀吉《ひでよし》が死んでから16年もたち、関ヶ原の戦いからも14年たっている。しっかりと徳川政権の地盤も固まっており、もはや豊臣のために働こうという大名がいるわけがなかった。

まさにこのときのために家康《いえやす》は健康に気を遣い、美食を避け、鷹狩りで心身を鍛え続けてきたのである。

やはり大志ある人で、それを実現していこうという人の、この自己コントロール力と気

迫は、見習いたいものである。

豊臣方が目をつけたのは幸村である。

一応、秀吉から豊臣の姓をもらい官位も従五位下《じゅごいげ》と大名格であった。しかも関ヶ原の戦いでは西軍に味方し、そのため今は紀州九度山《くどやま》で蟄居《ちっきょ》生活を余儀なくされている。

父・昌幸《まさゆき》や兄・信之《のぶゆき》のように領地をもらい領主として活躍はしていないにしても、大名の出という筋のよさがあった。

そこで豊臣方は、支度金として黄金200枚、銀30貫という大金を提示して誘った。

幸村は大坂城に入って参加することを決断した。

幸村という人は、父・昌幸が武田信繁《たけだのぶしげ》のようになってほしいと願ったように、人を支える役割に徹してきた。

これまでは父・昌幸そして兄・信之のこと、真田家のことを第一として生きてきた。

だからといって、自分というものを見失う人ではなかった。どこまでも自分の覚悟は大事にした。

いつも明るく前向きで、何が起きても泰然として、まわりがうまくいくために自分が役立つことは何かを見つけ、その役割をこなすことに生きがいを感じてきた。

しかし、もはや父は死んだ。

兄も、独立した大名として、家康にも、秀忠《ひでただ》にも信頼されているようである。

自分が最後に死ぬ場所として大坂城に入って奮闘しても、もう大丈夫だろうと思ったのだ。

長男・大助《だいすけ》だけは、まだ14歳くらいであり、一緒に死なせたくないとは思ってはいたが、大助は生まれたときから祖父・昌幸の話や真田の活躍を毎日聞いて育っていたはずであり、徳川に負けたことのない真田の誇りを全身に感じ、父とともに豊臣に殉ずるといってきかなかったようだ。


幸村が大坂城に入ったという報告を聞いて家康は「それは親か、子か」と聞いたそうだ。つかんだ戸が、ガタガタと音をたてていたとされる。

それほどに真田を恐れていたとか、怒りのためとかいわれているが、「親の昌幸は死に、子の幸村のほうです」と聞くと、家康も震えが止まった。

恐らく家康は、昌幸の死はすでに知っていたはずであるから、この震えは、怒りというよりも、武者震いに近いものであったのではないだろうか。

それまでの自分の生き方に反するような、豊臣を無理やりに滅ぼそうとした戦いの、最後の敵は幸村であり、今度こそはなんとしても自分自身の手で勝たないと、安心してあの世に行けないと思ったのではないだろうか。

だから、病気で伏せがちの体も急に精気を取り戻したのである。

一方、大坂城に入った幸村は、開かれた軍議でこう述べたという。

「関東の兵はまだ半分も上《のぼ》ってきていないので、畿内の関東勢はいたって無勢《ぶぜい》です。ゆえに、太閤が明智をご誅伐なさった吉例（天正10年）によって、山崎表へ兵をだされ、天王山（京都と大阪の境にある）にふたたび御旗をたてられ、森と拙者に先鋒を仰せつけください。また長曾我部（盛親）と後藤（又兵衛基次）は大和から攻め入り、宇治・勢田の橋を切り落とし、石部を境に陣を張って、伏見の城を攻め落とし、進んで京都を焼き払って、まず畿内西国の往来を塞げば、日本全国の諸侍は、味方しようとの志ある者はもちろんのこと、その他どちらとも決心のつかない者たちも、ことごとく馳せ参じることは疑いありません」

これに対し、秀頼《ひでより》側近で、最高主脳部的な大野治長《おおのはるなが》（実質的最高権力者、淀殿《よどどの》に一番近い）が反対して次のように述べた。

「『真田殿のおっしゃることは、いかにもごもっともなことですが、この城は日本第一の名城です。たとい日本全国から攻め寄せてきたとしても、五年や十年の兵糧はたくさんあり、容易に落ちるようなことはないと存じます』といい、また『源頼政・木曾義仲など、いずれも宇治・勢田の橋を前にして戦いましたが、みな不利になり、大不吉の例となりました。それでも勝つというわけありがあるのでしたらうけたまわりましょう』といった」

これに対して、幸村は、

「拙者が山崎の例をだしたのは、小をもって大にむかうということをいいたかったからです。また頼政・義仲の配軍はいわれた通りだが、いまその例をだす必要はない。いま拙者が宇治・勢田を前にしてといったのは、戦の利というものは、機会を制するということが根本です。それを申したまでのこと。籠城は後詰《ごづめ》（援軍）がなければ敵に気を呑まれてしまい、士卒は退屈し、おのずから気力は衰えてしまい、降参したり裏切り者もでてくるものです。この節、日本全国の大軍勢を引き受けて、わずか二里にも足らぬこの城にたてこもろうとしても、誰が馳せ参じてきましょうや。それにまた、一戦もせずにはじめからむざむざと籠城することは、まことに不甲斐なきことと存じます」と言った。

しかし、治長は、淀殿の意向を聞いており、その上、家康のスパイであったと思われる甲州流の軍学者として有名となった小幡《おばた》勘《かん》兵《べ》衛《え》景憲《かげのり》が、大野の支持をして、幸村の意見は採用されなかった。（以上『名将言行録現代語訳』北大路健・中澤恵子訳　講談社学術文庫参照）

幸村は、**兵法の大原則である、①機先を制する、②大将が陣頭指揮をとる、③城をうまく使う、④スパイにやられない、**などを最初から最後まで主張したが、淀殿、大野治長、豊臣秀頼は最後までこれを拒否し、結局身の破滅を招くことになるのである。

その中でも、幸村という人はやけになることもなく、限られた仲間力を存分に発揮し、家康を苦しめていくのである。

MATOME

自分の案が否定されても、決して腐らない。決まった方針の中でさらに最善の策を考える。

仲間力の象徴

～真田丸

大坂城の最初の軍議で提案した策が否定された幸村は負けを確信し、これで討ち死に間違いなしと後藤基次《ごとうもとつぐ》らと覚悟したという。

後藤基次は、もとは黒田長政《くろだながまさ》に属する有名な武将であった。長政の父・官兵衛《かんべえ》が小さいときから目をかけて育て、跡とりの長政以上にその才能を愛し、可愛がった。

これが基次に、「長政何するものぞ」という態度をとらせることになってしまった。長政が藩主になってからも基次のこの態度は変わらなかったため、二人は衝突し、ついに基次は黒田家を辞することになった。

その後、基次にはいろいろな大名から声がかかったが、その度に長政は「黒田家と合戦する気か」と、その仕官話を壊した。

そして基次は、乞食まがいの生活をしていたというが、この大坂の陣が起きて喜んで豊臣方に加わった。

他にも有名なところでは、毛利勝永《もうりかつなが》、長宗我部盛親《ちょうそがべもりちか》、明石全登《あかしたけのり》がいた。幸村、基次と合わせて「5人衆」とも呼ばれた。

豊臣方は籠城《ろうじょう》策で決まったが、一方の73歳の家康《いえやす》率いる徳川方は、どんどん進軍し、慶長19年（1614年）11月12日ころには大坂城包囲が終わった。そのときの兵の数は、19万5000といわれている。

このまま何もしないのでは、一方的にやられてしまうということで、決してあきらめることを知らない幸村は、大坂城の外の南側に出丸《でまる》を築いて、そこで徳川軍を痛めつけてやろうと考えた。

有名な「真田丸《さなだまる》」である。

大坂城は、北側は天満川、大和川、西側は高低差のある地形と水堀、東側も平野川と水堀で守られていた。

こう見ると誰もが南側から大軍が攻めてくることになると思うはずだ。そこでそこに出丸をつくり、防戦しようというのである。

大坂城の有力メンバーには家康のスパイがたくさんいて、逆に幸村が徳川方の協力者ではないかとの疑いの噂を広めさせていたようだ。

さすがに、真田丸は後藤基次らの協力もあって何とか認められた。

ただ、この真田丸で徳川軍を苦しめ、いわゆる戦術で勝ったとしても、戦略に負けてしまっては最終的な勝利を得られなくなるのは、幸村もよくわかっていた。

それでも勝利を得るには、何か突破口がいる。また、徳川方にも油断が出るかもしれない。

これまで真田が徳川に負けたことがないのは、この敵の油断をうまく誘発して、できた綻《ほころ》びを叩いたためであった。

真田丸を使っての攻防も、そこを狙ったのだ。

この真田丸は、南北約２２０メートル、東西約１４２メートルの半円形で、三方に空堀、中央に水堀をつくり、土塀をめぐらせ、要所には櫓《やぐら》や井楼《せいろう》が立てられた。

12月になると、ついに徳川軍がこの真田丸近くに押し寄せてきた。

幸村は、真田丸の前方にある篠山《ささやま》という小山に鉄砲隊の一部を潜ませ、近くに陣を構えていた前田利常《まえだとしつね》（前田利家《まえだとしいえ》の四男、第2代加賀藩主）軍に向けて撃った。

12月3日、前田軍は苛立ってしまい、ついに一斉攻撃の命令前に篠山を攻めた。

幸村はこの動きを読んでいて（というよりそう仕掛けて）、すでに鉄砲隊を引きあげさせていて、真田丸から前田軍をからかった。

怒った前田軍は真田丸に攻めていった。

これを見ていた藤堂高虎《とうどうたかとら》、井伊直孝《いいなおたか》、松平忠直《まつだいらただなお》らの軍も、抜け駆けは許さんと一斉に続いた。

徳川の世はほぼ安定しており、今度の戦が最後の見せ場である。ここで家康に認められることで領地も家も安泰か加増されることになるから、皆必死だった。

逆に、家康に「何をやっているんだ」と判断されると、改易・没収・将来のお取り潰しになる危険性がある。

だから家康の陣頭指揮には大きな意味があったし、そこに幸村もつけ入るスキがあると見たのだ。

大軍を十分に真田丸に引きつけた上で、鉄砲隊が狙いをすましてこれを撃った。紀州九度山出身の猟師たちの鉄砲組の腕も優れていた。

偶然ではあるが、場内でも火薬に誤って火がつき爆発が起きた。これを、前もって打ち合わせていた「徳川の内通者による蜂起」と間違えた徳川軍は、さらに真田丸に押し寄せた。

幸村は、これ幸いと狙いをすまし、真田丸のあちこちから矢と銃弾を浴びせた。

さらに幸村は、昔、上田城で自らも行ったように、息子・大助《だいすけ》に兵500を率いるように命じ、真田丸から出撃させ、徳川軍を痛めつけた。

この戦いによる徳川軍の損害は数千人に及んだという。

家康は、さすがに真田昌幸《さなだまさゆき》の息子だと考え、幸村への調略《ちょうりゃく》と、大坂首脳部への和議の誘いなどの戦略に移った。

それにしても寄せ集めの兵による軍ではあったが、それをまとめあげ、知略を練り、勝ち抜くのは、並の人にはできない。

敵の大将が家康でなかったら、結果はわからないところまできた。

その幸村の仲間力と知略は、日本人が目指す（そして誇る）、「小が大に勝つ姿」の理想型を見せてくれたのである。

MATOME

相手がどんなに強大かつ強敵であろうとも、
仲間力を駆使して、
リーダーシップの下に考えられた戦術をくり出せば、
突破口は開けるものだ。

何が起きようと、自分というものをよく知っていることが大事

～家康からの誘いを断固断る。覚悟はゆるがない

真田丸での戦いは、10年前と15年前に見せた、上田城を使って徳川軍を破った2度の上田合戦を思い起こさせるものだった。

真田得意の戦法である、「小さな城や砦《とりで》にこもり、大軍を迎え撃ち、奇策を用いて大損害を与える」というものだったからだ。

大坂夏の陣の際、幸村が真田丸で率いたのは兵5000といわれている。ほとんど寄せ集めの浪人たちであった。

また、幸村と死をともにしたいと思った信濃の真田の人や、高野山の猟師たちなど100名以上が集まった。

それを強力な軍にまとめあげた幸村の仲間力の源泉は何だったのか。

一つめは人柄、人格のよさである。これは優れた武将が持つべき条件である。自分以外の構成員にどれだけ愛情を持ち、それをいかに表現できるかである。

二つめは、掲げる大義の明確さである。そしてそれを覚悟にまで高める心の持ち方である。ここで戦っていたのは、徳川の支配体制からあぶり出された浪人が主体となっていた。彼らは「徳川を倒し、豊臣の時代を再興することで、自分たちが表に出られるようになるかもしれない。しかも、家康《いえやす》のやり方は、卑劣千万ではないか。もともと主である豊臣家をあまりにもないがしろにしている。自分たちに対してもそうである。今の徳川支配体制は、正しく生きようとしてきた私たちをはじきだしてきた。その徳川の治政をひっくり返して私たちが生かされる世の中にしよう」という大義を持っていたのである。

三つめに、それを本当に実現させる知略と実行力が備わっていることである。「この人（幸村）たちについていったなら、私たちの考えていることが本当に実現するかもしれない。いや、何かを成し遂げていくということに加わってその小気味よさを味わえるということは、非常に生きがいを感じることである」と、みな思ったのである。

以上三つの理由から、幸村の「仲間力」というのは、信じられないほどのパワーを生み出していったのだ。

家康はさすがに幸村の力がわかり、何とかこれを味方にしたいと考えた。

兄の信之《のぶゆき》、おじの信尹《のぶただ》の二人はすでに味方であり、さらに幸村を味方にすると、より万全に近くなる。

信之や他の武将との兼ね合いが問題となるが、「そこは後からなんとでもなるさ」と考えた。

だから大坂冬の陣が始まり、幸村の能力がわかると、ただちに勧誘活動を始めている。いくつかのルートから誘いの手を出していたようだ。

有名なのは、おじ信尹を通しての交渉である。

慶長19年（1614年）12月11日あたりらしいが（まだ冬の陣の真っ最中である）、『名《めい》将言行録《しょうげんこうろく》』には次のようにある。

信尹は、「その方の軍略は抜群である。その方の武名は天下にとどろいている。秀頼《ひでより》公のお供をしていろいろお世話をしてくれるなら、信濃国三万石をつかわそうとのことだが、どうだろう」と伝えた。

幸村は、「まず一族、(おじ・甥《おい》)の誼《よし》みをもって、こうしておいで下さったこと、まことにかたじけなく存じます。しかし拙者は去る慶長5年(1600年)の関ヶ原の役において家康公の御敵となり、その後は落ちぶれて高野山に登り、一人の下僕の情によって命をつないで参りました。

ところが秀頼公によって召しだされ、領地に賜うておりませんが、過分の兵を預けられ、担当の場所を与えられ、大将の号までも許されました。これは知行よりもありがたいことです。従って、約束をやぶってお味方に参ることはできません」と返答した。

この報告を聞いた家康は、さらに条件を上げてもう一度誘っている。

「そういうことであればいたし方ない。まことに惜しい武人だ。どうにかして命を助けたいと思ってのことだ。ふたたび参って、信濃一国をつかわすから味方に参らぬかとたずねて参れ」と言ったのである。

これに対しても、幸村は次のように答えた。

「なんとありがたいことでしょう。拙者のような不肖の士に一国を賜ろうとは、生前の名誉はことばに尽くしがたきほどです。

しかし、いったん約束を結んだことの責任は重いと存じますので、信濃一国は申すまでもなく、日本国中の半分を賜るとしても、気持ちを変えることはできません。

また特にこの戦は勝利を得られる戦いではありませんので、拙者は始めから討ち死にを覚悟しております」

そういって、もう二度とこの話はしないでほしい。二度と会わないようにしようと述べ、信尹も涙を流して、今生の別れだと帰っていった（以上『名将言行録現代語訳』北小路健・中澤惠子訳　講談社学術文庫参照）。

一応、幸村への勧誘をあきらめた形の家康だが、後に冬の陣が和議となり、夏の陣が始まるまでの間にも、当然、幸村の動向を探り、隙あらば誘いの手を出そうと考えていたはずだ。

武田信玄《たけだしんげん》に属した武将で、父とも親しかった原貞胤《はらさだたね》（家康の家臣となり、その後家康の命で松平忠直《まつだいらただなお》の使番《つかいばん》となっていた）とも会って酒を飲み交わしている。当然家康に細かい指示は受けていたろう。

また、兄・信之は、病気を患って大坂の陣は加わっておらず、息子たちを行かせた。病気自体怪しいと思うが、それを疑ったような話は出ていない。これも信之の普段からの忠勤ぶりと誠実な性格が功を奏したのである。

休戦中に幸村は、この甥《おい》たちにも会いに行っている。

幼いころに見た甥《おい》であったが、立派な大人になってよかったと喜んでいる。

敵の将の一人と親戚ということもあって、徳川方の真田信之軍（信之本人はいなかったけれど）は、必死に戦い、戦死者の数も多かったという。

それはさておき、やはり家康は、幸村の甥《おい》たちにも声をかけさせていたはずだ。甥《おい》たちにつきそっていた矢沢頼康《やざわよりやす》（頼綱《よりつな》の子）を含めて一緒に酒を飲んでいる。頼康といえば、若かりしころ一緒に上杉景勝《うえすぎかげかつ》のところに人質として行った仲である。

昔話から、真田一族全体の今後のことも話したであろう。

信尹から引き継いだ話もあったはずだ。

こうして、真田家の将来の憂いをなくして、ますます打倒家康の志気を高めたのである。

決してその覚悟が揺らぐことはないのであった。

MATOME

大義に生き、志を実現していくことは立派だが、
一方で自分以外の家族、友人との関係にも気を配り、
憂いをなくすことができれば最高である。
ますます自分の志に真っすぐに生きられる。

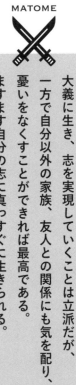

いつどこでも油断なく学ぶ

～冬の陣の和議

家康《いえやす》は、幸村を勧誘すると同時に、とりあえず和議でもって、いったん戦いをやめ、その後、豊臣方を潰すしかないとの戦略を立て、実行した。大坂城内にいるスパイたちの情報からも、もし幸村の作戦が採用されたら大変なことになるのもわかったし、真田丸と大坂城を相手にまともに戦うことの不利さもよくわかったからである。

冬の陣に際し、2代目将軍秀忠《ひでただ》は、6万の大軍を率いて強行軍につぐ強行軍でやってきた。琵琶湖近くの瀬田あたりに着いたときには、兵もへとへとであった。

秀忠は、関ヶ原のとき上田城で真田家にやられて本戦に間に合わず、家康から一時は廃《はい》嫡《ちゃく》されるのではというくらいに怒られた苦い経験がある。そのための強行軍であった。

しかし家康から見ると、このとき、もし豊臣方に攻めてこられたら大変なことになっていたと思う。

幸い、幸村の策は退けられたため、危なく敗戦するところから救われたのだ。

そこで、「幸村は危険だ。正攻法をいったんはやめて、豊臣方をゆさぶっていこう」という戦略に変えた。

淀殿《よどどの》周辺にいるスパイを動かすとともに、淀殿がいる場所近くを狙っての砲撃をくり返した。

偶然にも砲弾の一つが柱を粉砕し、その飛び散った柱の破片が、淀殿に仕える女たちを直撃して、死者を出した。

ヒステリックで威張りちらすが、実は心が弱いというタイプの女性によくあるように、大義に向かって戦うことよりも、自分の安全だけに目が行き、とにかく和議せよということになった。

かけ引き上手の家康は、最初は「淀殿を人質に」という条件を出してきたが、後にこれをひっこめ、今度は、「大坂城は本丸のみを残し、二の丸、三の丸はこれを毀却《ききゃく》する」というものを出してきた。そしてその条件で和議が成立することになる。

このときの約束では、「二の丸、三の丸は大坂城方が工事を行い、惣構《そうがまえ》は徳川方が行う」とされていた。

しかし、徳川方の担当重臣、本多正純《ほんだまさずみ》（正信《まさのぶ》の子）は、「二の丸、三の丸の工事のはかどり具合がよくないので手伝いましょう」と提案し、約一カ月という短期のうちに工事を終わらせ、大坂城をほとんど無防備の裸城としてしまった。

これに抗議をした豊臣方に対して一応は謝罪をする徳川方であったが、もちろんこれは家康の指示である。

あれほど約束を守り、「律義である」という信頼感もあってここまで昇りつめた家康ではあるが、やはり単なる律義さだけで天下を取れるものではないようだ。

律義さは表向きの顔で、内面では確かな戦略眼を保ち、自分は手を汚さない形で、自分の計画を実現していくという天才でもある。

ここでも、自分は知らなかったという形をとりながらも、約束を破ってでも、豊臣を滅亡させるために真田丸を破壊し、大坂城を裸城にしようとした。

後に家康は、この作戦は、もともと城攻めの天才といわれた秀吉《ひでよし》との話からひらめいたものだと述べている。

秀吉は大坂城をつくったとき、「この城を攻め落とすには力技では成功しない。うまく話し合いに持ち込んで、いったん休戦し、そこで手を打ち、再び攻撃するようにしなければならない」と述べたという。

この秀吉の話は、家康だけにしたものではないが、いつの日か豊臣家を滅ぼすという目標を心に強く抱いていた家康には、よいヒントになったのである。

73歳となり、もう後がないと考えた家康は、よくいえば、平和な日本、安定した日本を実現させようと、これまでの律義さという世間体をかなぐり捨ててまで、この合戦での豊臣潰しに徹した。

大坂の陣後には天皇に頼んで年号を変えてもらい、〝元和偃武《げんなえんぶ》〟と称した。

「平和の始まり」であり、「武器を倉庫に収めよ」というのだ。

ただ同時に、「タヌキおやじ、手段を選ばない男」というイメージがついてしまうことになった。

MATOME

大きな目標と目的がある人は、向上心に溢れ、
どんなことでも役立てることができるようになる。
つまりビジネスで成功する人は、
すべてに学び身につける覚悟がある人である。

第六章

覚悟を秘め、全力を尽くして、その日を最高に生きる

~大坂夏の陣

その日を最高に生きる

～豊臣方の軍議

大坂冬の陣が和議となった後も、家康《いえやす》はすぐに戦を始める準備に余念がなかった。

幸村も、家康の心のうちは手にとるようにわかっていた。

ここに、和議中に出された幸村が書いた一通の手紙がある。姉婿の小山田茂誠《おやまだしげまさ》に出したものである。

この手紙は『大日本史料』にその写真が掲載されている有名な手紙であるが、次のようなものである。

「遠いところを御使者、御手紙を賜りました。こちらも無事です。御安心下さい。私の身上のこと、殿様の御寵愛はひととおりではありませんが、いろいろ気遣いが多いことです。一日一日と暮らしております。お目にかかってでないとくわしくは申し上げられません。

手紙では十分に意を尽せません。

こちらの様子は御使者が申し上げるでしょう。当年中も静かでございましたら、何とかしてお目にかかってお話を承りたく存じております。承りたいことがたくさんあります。さだめない浮世ですから、一日先のことはわかりません。私などは、浮世に生きている者とおぼしめし下さいますな」

再び戦いがあることを当然に予測している内容とともに、大坂城内での立場も明らかにしている。

幸村研究の第一人者小林計一郎《こばやしけいいちろう》氏もこう述べている。

「いたずらに強がったり、悲壮がったりしているところがなく、必死の覚悟さえ、いかにも淡々と述べられている。幸村の性格をよく示しているだけでなく、古今の手紙のなかの、名書簡の一つというべきである」（『真田幸村のすべて』新人物往来社）

さて、家康は早くも慶長20年（1615年）4月18日には京都に入り、22日に秀忠《ひでただ》と伏見城で軍議を開いている。

これに対して大坂城内でも豊臣方の軍議が開かれた。

そこで幸村はいった。

「家康の戦の方法は、いつも勢いに乗って攻めてくるとうけたまわっておりますが、まことにその通りです。そのわけは、ただいま伏見に着陣して軍兵の疲れもとらずに、そのまま茶臼山《ちゃうすやま》まで押し寄せてきているということは、あまりにも勢いに乗りすぎているのではありますまいか。

伏見から大和路へ押しだしてくるには、その工程十三里（五十二キロ）です。ますます疲れていることでしょう。そこから考えてみますと、明夜は東国勢はどんなことがあっても冑を枕にしてひと眠りするでしょう。これこそ夜討ちの絶好の機会にあたっていると存じます。拙者がむかって行き、一挙に勝敗を決しましょう」（『名将言行録現代語訳』北小路健・中澤惠子訳　講談社学術文庫）

これに対しては、意外なことに後藤基次《ごとうもとつぐ》が反対して認められなかった。

その理由は、この作戦で、万一幸村が討ち死にしたら、幸村の名声で集まった豊臣方の落胆は計り知れないというものだった。

まったく、ここでも助かった徳川方であった。

慶長20年（1615年）5月5日、家康は京都の二条城を出て、大坂に向かったのである。

MATOME

幸村は一日を一生と思い、全力で生きた。

無駄に、ただ生きているのではなく、その日に自分のすべてを出して悔いのない過ごし方をすれば、その一生は意味あるものとなるのだ。

目の前の仕事に覚悟をもって全力を尽くし、決して手を抜いてはいけない。

予測しないことが次々と起きても慌てない

～道明寺の戦い

慶長20年（1615年）5月6日未明、豊臣方の後藤基次《ごとうもとつぐ》隊は、京都から大坂に進軍してきた徳川軍の先鋒を討とうと道明寺《どうみょうじ》付近に向かった。

打ち合わせでは幸村の軍と毛利勝永《もうりかつなが》の軍も合流することになっていたが、濃霧のため遅れてしまい、合流しないままになってしまった。

すでに徳川方は、この作戦を予想し（スパイから情報を得ていたようだ）、布陣が済んでいた。

基次は、もはやこれまでと思ったが、果敢に戦いを挑んだ。

このときの基次隊の兵は2800ばかり。対して目の前の徳川軍は2万近くいて兵力差があまりにもありすぎた。

しかし、黒田官兵衛《くろだかんべえ》が見込んでいた武将らしく、基次の部隊は数度にわたって徳川部隊を撃退した。

最後は、伊達政宗《だてまさむね》自慢の鉄砲部隊に猛射撃を受けて壊滅してしまった。

伊達部隊の鉄砲装備率は60%を超え、2000~3000挺が一斉に襲ってきたのだ。

基次隊が壊滅したのもしかたなかった。

その上、作戦はすべてスパイによって徳川方の知るところでもあったし、幸村たちが濃霧のためか遅れてしまうという不運もあった。

幸村隊はいくら真田丸で強い結束を見せることができたといっても、即成部隊の悲しさで、信玄《しんげん》の「風林火山」のようにすばやい行軍ができない弱点もあったようだ。

遅れてきた幸村隊は、それでも伊達隊を中心にさんざん苦しめた。

『名将言行録《めいしょうげんこうろく》』に、このときの幸村の指揮について書いてある。

それによると、まず兵に冑《かぶと》をかぶらせず、ただ馬のそばで近くに添うように待機させた。

敵との距離が10町（約1090メートル）ほどになったところで、「冑をかぶれ」と命じた。

そして敵との距離が2町（約218メートル）ほどになったところで「槍を取れ」と命じた。

そこで槍の鉾先を敵にさし向けると、兵士たちはいかなる強敵でも打ちくだかさずにおかぬとの新たな気迫が満ちてきた。

敵の鉄砲がさんざんに撃ってきても、一歩もひかない様子から、冑を取ったときの気勢がいかに盛大だったかがわかる。

伊達の鉄砲隊の砲声も絶え絶えになり、煙も薄くなってきたときを見計らって、兵にかかれと合図した。

すると兵はみな起き上がって、槍をついてかかり、伊達隊は7～8町（約800メートル）後退させられたという。

組織をまとめ、意志を統一することでいかに大きな力となるか、そして、そのためには、はっきりとした指示とわかりやすい命令が重要かをわからせてくれる逸話だ。

以上のように幸村隊は、兵の志気を上げて白兵戦に持ち込んで、敵を蹴ちらしたとされるが、一方では、鉄砲もよく使ったとの説も有力である。

自慢の猟師隊は健在であったはずだから、鉄砲をうまく使いつつの白兵戦だったと思われる。

こうして数では劣る幸村軍であったが優勢となり、続いて決戦を挑もうとしたが、日も暮れてきて、城からは城内への退去命令がきたため、しかたなく引き上げることにした。

幸村は殿《しんがり》を務め、城に戻った。

MATOME

味方は、何が弱みか、どんな強みがあるかをよく知り、わずかな強みで勝ち抜く方法が必ずあると策を考えられることが、勝ち抜くリーダーの資質である。

戦いの連続の中でも冷静さは失わない

～敵・ライバルであっても人を見抜いて認める度量を持つ

殿《しんがり》というのは一番危険といわれている。

「追撃は相手を打ち取りやすい」という、追うほうの強みもあるからである。

しかし勇猛と評判の伊達軍は手を出してこない。

兵力差からの余裕であり、慌てることはないとも考えたのであろうが、一番怖いのは幸村軍の仕掛けであった。

「何を繰り出してくるかわからない戦上手」との評判が行き渡っており、しかも、兵の志気も高く、よくまとまっていて強いのは証明済みだったためである。

ここで有名な幸村の言葉が残っている。

「関東勢百万と候え、男はひとりもなく候（「関東武者は百万あっても、男子は一人も居ないものだ！）」

というものである。

普段は激することなどなく、いつもニコニコとおだやかな幸村であるが、戦いの場となると、高ぶる気持ちが出てくるのだろう。そして、味方の志気を高めるためにもこうしたパフォーマンスが必要と考えたのかもしれない。

そんな幸村であるが、さすが常に沈着冷静さは失わない。

何と敵の伊達軍の先鋒であった片倉重長《かたくらしげなが》を「敵ながらあっぱれ」と見ていたのである。

重長は〝鬼の小十郎《こじゅうろう》〟と呼ばれた猛将である。父も有名な武士で、伊達政宗《だてまさむね》の軍師的存在であった（こちらも小十郎と呼ばれ、代々の当主が小十郎を名乗った）。

ここからは、事実経過の信義には争いがあるものの、幸村は大坂城内にいた娘の阿梅《おうめ》の保護を頼み、重長も了承したという。後に、重長は阿梅を正妻に迎えている。

一説では、重長が阿梅を略取したともいわれている。

しかし、戦いで乱れている中で、これが真田の娘とわかり、連れて行けるものではないだろう。

しかも伊達政宗の了解なしには、阿梅も無事に仙台に連れていくことなどできなかったはずだ。

さらに、重長は、京都にいた幸村の次男（大八《だいはち》）たちを保護して、育てている。

この大八は最初片倉姓を名乗っていたが、後に真田姓を名乗っている。

現在、この真田家（仙台真田家）の直系子孫、真田徹《さなだとおる》氏によると、大八が真田と名乗ったことを見つけ調査した幕府に対し、伊達藩はこう答えたという。

「大八は幼児のとき、京都で死に、仙台の真田守信《さなだもりのぶ》（大八が名乗った名）は、幸村のおじ信尹《のぶただ》の四男・政信《まさのぶ》の子である」と。

政信という子は信尹にはいない。信尹も協力して偽の系図をつくっていたことになる。

信尹という人は、やはり面白い。

すでに本書でも何度か登場しているが、兄・昌幸《まさゆき》と並んで、これぞ戦国時代を生き抜いた策士の一人である。真田家を守り抜くため、信之《のぶゆき》、幸村、甥《おい》の矢沢頼康《やざわよりやす》らとともに一大謀略戦をやり遂げていると思われる。

最初は、兄・昌幸と同様、武田信玄《たけだしんげん》の人質から武将となり、信玄なき後には、上杉景勝《うえすぎかげかつ》の家臣になり、その後は徳川家康《とくがわいえやす》の家臣となっている。すべて兄・昌幸と話し合ってのことであった。

しかも家康は信尹を4000石の大旗本として抱えており、この家も幕末まで続いている（すでに紹介したように、あの大久保彦左衛門《おおくぼひこざえもん》でさえ2000石しかもらっていない）。信尹は当時にしては長命で85歳くらいまでしぶとく生きている（幸村の兄・信之も93歳くらいまで生きて不倒翁《ふとうおう》とも呼ばれている）。

信州の信之の真田藩といい、この旗本真田家といい、仙台の真田家（幸村家系）も含めて戦国期の真田家というのは、戦いにめっぽう強いというだけでなく、将来の憂いをなくすためにもきちんと策をめぐらしている。

幸村のけれん味のない生き方も、そして強い覚悟も、こうした十分な準備に支えられていたのであろう。

前にも述べたように、信尹が家康の使いで幸村のところに来たときにも、このあたりのことを十分打ち合わせていたのではないだろうか。

片倉重長も、先祖は信州であるとの噂や、大坂の陣の前から幸村と親しかったという説もあるほどだ。

それにしても、生死がわからぬ激しい戦いの中で、こうした判断を下し行動をしていく幸村の冷静な知恵働き、行動力に頭が下がる思いである。

MATOME

勝負に出る前に、事後の憂いをなくすために、敗れた後のことにも手を打っておくと、さらによい戦い方ができる。

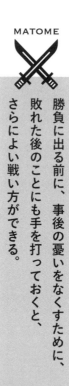

意識を統一させるための工夫をする

～天王寺の戦い

慶長20年（1615年）5月6日、いよいよ最終決戦の日となった。

家康《いえやす》は平野からさらに天王口へ、秀忠《ひでただ》は岡山口に進出して決戦に備えた。

一方の幸村は茶臼山《ちゃうすやま》に布陣した。冬の陣のときに家康が陣を構えたところである。

打ち合わせでは、ここで徳川軍を十分引きつけ、家康、秀忠に向かって一丸となって攻めるため、抜けがけしないように申し合わせをしていた。

しかし、即成軍の悲しさであろうか。引きつける前から、戦闘をバラバラに始めてしまった。

幸村軍は、全員いわゆる〝赤備《あかぞな》え〟で武具を統一した。その数、約3500である。

それと正面で敵対していた松平忠直《まつだいらただなお》隊の記録には、「真っ赤なつつじの花が満開で咲き誇っているかのようだった」とある。

松平忠直隊には、休戦中に酒を交わして旧交をあたためたあの旧武田家臣・原貞胤《はらさだたね》がいたし、見える所には甥《おい》たち（兄・信之《のぶゆき》の子たち）や矢沢頼康《やざわよりやす》率いる真田隊（藩主の信之はまだ病気が治らないとして加わっていなかった）もいて、「幸村様の六文銭と赤備えだ！」とすぐにわかり、敵ながら懐かしく、そして武運を祈ったに違いない。


〝赤備え〟というと、〝井伊の赤備え〟が有名である。

もともと武田信玄《たけだしんげん》下の武将、山県昌景《やまがたまさかげ》隊の装束であった。

武田氏滅亡後、この精鋭部隊を中心に、家康がそのまま引き継ぎ、井伊直政《いいなおまさ》の軍にした。

井伊直政は徳川四天王の一人ではあるが、もともとは今川義元《いまがわよしもと》に属していた（父や祖父たちが）ので、徳川家への従属が一番遅く、しかも今川から逃れて隠れていたこともあって直属の兵が少なかったためである。四天王の中でも一番好運とされた井伊家は、古くは徳川氏以上の名家であった。

もともと強い徳川軍であったが、この井伊の赤備えが加わり、さらに強兵ぶりを発揮することになった。

一方、幸村も、もともとは、信玄の近くで生まれ育っている。信玄の下での戦いには負けたことなどない昌幸自慢の子である。しかも、徳川軍をこれでも破り続けていて、家康何するものぞという気概を持っていた。

そして急ごしらえの軍隊を短期間で訓練したものの、やはり弱いところがある。**それを赤備えで身を固め、みんなのユニフォームを一つにすることで、志気を高め、結束力を強くしたのだ。**

このあたりのまとめ方は現代でも参考になる。サッカーのサムライブルーやラグビーの桜のジャージも、それを纏《まと》うことで「日本を代表しているんだ」と勇気が出るのである。

そして、もちろん勝ち抜くぞという覚悟も強まる。

ここで、大坂入城のためにもらった軍資金を惜しむことなく使ったのである。兵士からすると、身は引き締まり、「幸村と一緒に戦い、死ねる」という気持ちが充実したのである。

ついでにいうと幸村隊の旗印はこれも有名な「六文銭」である。正式には「六連銭」というそうだが、今、上田周辺や群馬県西部に行くと、観光用の「六文銭」がたくさん翻っていて目立っている。

その意味するところは、三途の川の渡し賃が六文といわれていたことから「決死の覚悟」を意味した。

一方の家康の旗印は、「厭離《おんり》穢土《えど》欣求《ごんぐ》浄土《じょうど》」（この娑婆世界を「穢れた国土」〈穢国〉として、それを厭い離れるという意味であり、阿弥陀如来の極楽世界は清浄な国土であるから、そこへの往生を切望するという意味）であった。

MATOME

仲間力を充実させるための道具である、旗やユニフォームやキャッチフレーズ、目標の言葉は、しっかりと準備をしておくことが大事である。

死力を出し切ることで人生に悔いはなし

～真田、日本一の兵《つわもの》

真っ赤な炎となって戦う幸村軍は、一直線に家康《いえやす》めがけて突き進んだ。

茶臼山《ちゃうすやま》から一気にかけ下りて進んだ。

まずは、これを迎え撃った松平忠直《まつだいらただなお》軍が陣形を壊した。

次に駿府衆《すんぷしゅう》を破り、ついに家康本陣前の旗本勢と戦った。

ところが家康自慢の旗本勢は、まさかここまで幸村の軍が来ると思っていなかったため

か、慌てふためいた。

そしてあろうことか、家康を置いて逃げまどってしまった。

大久保彦左衛門《おおくぼひこざえもん》の『三河日記』によると、「三方ヶ原で、一度御旗が崩れたこと以外で

はなかった御旗が崩れた」と書いている。三方ヶ原《みかたがはら》で信玄《しんげん》に一方的にやられた若いとき以来のことである。

あの、家康の「厭離穢土欣求浄土《おんりえどごんぐじょうど》」の旗が「六文銭」の旗の真田軍に踏みにじられたのである。

関ヶ原の戦いから15年、日本有数の強さと結束力を誇った徳川軍も、世代変わりのため経験不足の若い兵ばかりとなり弱くなっていたのかもしれない。

さすがの家康も、「もはやこれまで」と切腹しようとした。

そのとき、「わが軍は勝っています」との側近の報告で、やっと思い止まり、側近たちが家康をうまく逃がしたようだ。

実際、3500の兵では、何万もの敵を破り切るのは不可能である。

「家康さえ倒せば何とかなる。大坂城の秀頼《ひでより》が陣頭に出馬すれば戦は面白くなる」と考えた幸村の作戦は、あと一歩のところでうまくいかなかった。

あと一歩というが、幸村の戦略戦術はほとんど採用されなかったため、あとは、ただ家康を討つことのみを考えたのである。信長《のぶなが》が今川義元《いまがわよしもと》を討つことで局面を変えたようにである（もっとも最近では、そんなに兵力に差がなかったのではないかとの話も有力だが）。

ただ淀殿《よどどの》は、家康は、何とか命は助けてくれるものと思ったのだろう。2代将軍秀忠《ひでただ》の正妻は自分の妹である。だから秀頼にも出馬を止めて行かせなかった。

秀頼に出馬するようにと、幸村が息子・大助《だいすけ》に言いに行かせたが無理だった。

大助は父とともに一緒に戦って死にたかった。それを幸村は無理やり秀頼の下に伝令に行かせている。

わずか14歳になるかならないかの息子は、ひょっとしたら命は助かるかもしれないとの思いがあったのかもしれない。

しかし、先は長くない家康の判断は冷徹であった。

強引な屁理屈で、後の世に汚いやり方であったといわれてもやり遂げたかったのは、豊臣家の滅亡である。

だから許すわけがなかった。

幸村も、もう49歳。しかも敵は10倍以上。力尽きて動くことができなくなった。

茶臼山近くの安居天神《やすいてんじん》で座り込んで休んでいたところに松平忠直隊の西尾《にしお》久作《きゅうさく》（仁左衛門《にざえもん》）がやってきた。幸村は、戦う余力はなく討ち取られてしまった。

後に家康は、この西尾を呼び、幸村を討ち取ったときの様子を聞いた。

西尾は「幸村は激しく働き、私も少し傷つきましたが、ようやく突き伏せることができました」といった。

これを聞いて家康は不機嫌になったという。

そして後に「幸村ほどの武将が、西尾ごときの者にやられるか」と述べた。

覚悟の人は、覚悟の人のことがよくわかるのである。

幸村の首実検をした後、家康は「幸村にあやかれよ」とその頭髪を抜かせ、諸将に与えたことが『名将言行録《めいしょうげんこうろく》』に載っている。

家康が、あれほど評価して、味方に欲しがった幸村を惜しむ姿が目に浮かぶ。

幸村の活躍を見ていた徳川方の武士たちも、称讃を惜しまなかった。

あの「自分たちこそ日本最強」と疑ってやまない薩摩、島津家の人たちの本国への報告書には、「真田、日本一の兵《つわもの》」とあった。この正直な敵への礼賛ができる人たちというのも、その実力の証である。

MATOME

英雄は、英雄を知る。
努力し続け、結果を出し続ける人を、
見る人は見ている。

【著者紹介】

大杉学（おおすぎ・まなぶ）

大学卒業後、外資系企業のビジネスマンとして、国際的に活躍。そんな中で、日本人の魂の結晶ともいうべき人物である吉田松陰と出会う。その魂を揺さぶる教えに感銘を受け、『吉田松陰全集』を買い求め座右の書とする。

また、吉田松陰が牢獄で読んだとされる本に、真田幸村などが活躍する物語である『真田三代記』があることを知り、真田幸村のことを調べていくうちに、そこに吉田松陰との共通点を多く見出すことになり、現在は、真田幸村に関する研究にも取り組んでいる。

覚悟のススメ
真田幸村の教え

2015年12月23日　初版発行

著　者　大杉学
発行者　野村直克
発行所　総合法令出版株式会社
〒103-0001 東京都中央区日本橋小伝馬町 15-18
ユニゾ小伝馬町ビル 9 階
電話 03-5623-5121

印刷・製本　中央精版印刷株式会社

落丁・乱丁本はお取替えいたします。

ISBN 978-4-86280-483-9

総合法令出版ホームページ　http://www.horei.com/